汉竹编著·亲亲乐读系列

胎教故事

一天一夜

汉竹　编著

江苏凤凰科学技术出版社
全国百佳图书出版单位
·南京·

前言

从胎宝宝在腹中“扎根”的那一刻起，孕妈妈和准爸爸就想给胎宝宝一切美好的东西，而胎教是第一步。面对市面上各式各样的胎教方法和胎教故事书，孕妈妈和准爸爸眼花缭乱，不知所措。《胎教故事一天一夜》却是一本有着“神奇魔力”的胎教故事书，既能满足孕妈妈和准爸爸的各种需求，又能给予胎宝宝更贴心的陪伴。白天一个故事，晚上一个故事，在孕期，给胎宝宝双份的爱，让妈妈宝宝都好梦。

书中每一个故事都是精挑细选的，以月和天为时间轴，每一个故事都和胎宝宝每天的生长发育及孕妈妈、准爸爸当天的注意事项密切相关，让孕妈妈和准爸爸更真实地了解胎宝宝每天的成长变化，让孕妈妈轻松度过孕期十个月。

书中结合时下流行的五感胎教，大部分故事有针对胎宝宝五感发育的训练，将视觉、听觉、味觉、嗅觉和触觉，通过孕妈妈的感受传递给胎宝宝，刺激胎宝宝不同感觉器官的发育，让胎宝宝在孕期十个月里，全面、健康地成长。

这本胎教书的“神奇魔力”就在于白天给孕妈妈呵护、指导，夜晚陪胎宝宝入眠，就像一位挚友，在怀孕的每一天、每一夜里，悉心陪伴孕妈妈和胎宝宝。

胎教故事怎么读

为什么要给胎宝宝讲故事

给胎宝宝讲故事是一项不可缺少的胎教内容，讲故事时孕妈妈用亲切的语言娓娓道来，使胎宝宝不断地接受客观环境的影响，在不断变化的文化氛围中发育成长，更有利于胎宝宝熟悉妈妈的声音，早早建立感情。

故事胎教，有助于胎宝宝成长

除了对胎宝宝说话、唱歌之外，给胎宝宝讲故事也是一项不可缺少的胎教内容。不要觉得隔着肚皮与胎宝宝“沟通”是件难以操作的事，只要你用“爱”来对待腹中的胎宝宝，经常对他（她）说话、讲故事，就可以刺激胎宝宝的脑部发育，有助于他的成长。

虽然胎宝宝从第 5 个月开始才能听到外界的声音，但故事胎教应该从怀孕那一刻就开始，并一直坚持到宝宝出生。孕妈妈和准爸爸应该每天至少给胎宝宝讲一个故事，让他习惯妈妈和爸爸的声音。等到胎宝宝熟悉了爸爸妈妈的声音之后，每当你们发出声音或者在孕妈妈思考的时候，胎宝宝就能听到爸爸妈妈的话语，感受到妈妈的心灵。

故事胎教，母子受益

对于胎宝宝而言，孕妈妈的说话声和情绪变化对他的影响最大。因此，孕妈妈在孕期坚持为胎宝宝讲故事，对母子双方都是十分有益的。

孕妈妈讲故事可以使胎宝宝接受良好的听觉刺激，提前熟悉这些故事，使得宝宝出生后对事物有一种熟悉感。讲故事也有利于孕妈妈增加肺活量，帮助孕妈妈更好地调整情绪，进入休息状态。

胎教故事也可以由准爸爸大声读给孕妈妈听，这既能安定孕妈妈的情绪，同时又能增进夫妻感情。

胎教故事有哪些

内容丰富多彩，能带给人无限遐想的胎教故事，有利于激发胎宝宝的潜力，也有利于胎儿智力、个性、感情、能力等方面的培育。胎教故事带给孕妈妈的那种幸福感和满足感，也会愉悦母婴的情感，带给人积极向上的思想。

童话故事

童话故事能带给孕妈妈无拘无束的感觉。童话故事的主旨是教人勇敢、热情、善良、乐观，打开童话故事这扇窗，迷人的风景映入眼帘，清新的空气沁入心脾。在这样的氛围里，宝宝可以健康、茁壮地成长。

成语故事

成语是历史的积淀，通过阅读成语故事，可以使孕妈妈和胎宝宝了解历史、通达事理、学习知识、积累美德。成语故事还具有中华传统文化的独特魅力，使宝宝从胎儿期开始便接受历史文化的熏陶。

寓言故事

生动有趣的寓言中闪烁着智慧的光芒，蕴涵着人生的哲理。寓言故事有对与错、好与坏的判断，有十分丰富的内涵，浅显易懂的道理，还有利于培养胎宝宝善恶美丑的观念。

神话故事

神话是人类最早的口头散文作品，是文学的先河。神话故事熔铸着热烈的情感，并塑造了一个个鲜明的形象，表现出丰富的想象力。神话中的英雄人物还具有榜样的力量，孕妈妈和胎宝宝能从中学到坚韧、友爱、勤劳、团结的美德。

名人故事

每一位孕妈妈对腹中的宝宝都充满了希望，希望他像司马光一样聪明、机智，像孔融一样懂得谦让，像爱迪生、牛顿一样爱科学。读一读名人故事，追寻榜样的足迹，胎宝宝会受到良好的教育。

这样讲故事，胎宝宝更爱听

给胎宝宝讲故事可并不是简单地读一读，或者念一念，也不同于给那些已出生的孩子讲故事。所以孕妈妈要掌握给胎宝宝讲故事的要领，让胎教故事真正达到效果，让天真烂漫的故事陪伴他成长。

保持愉悦的情绪

孕妈妈在读故事或听故事时，要让自己心情放松、平静，保持愉悦的情绪，并集中注意力，将故事中的内容完完整整地传达给胎宝宝。

先自己默读一遍

在给胎宝宝读故事前，孕妈妈先自己默读一遍。把故事中一个个生动的形象映入脑海中，如嫩绿的小草、可爱的小蝌蚪、快乐的农夫……把故事中艳丽的色彩、飘香的气味、新鲜的感触、诱人的味道也一一“印刻”在脑海中。

读故事要声情并茂

胎宝宝也是有感觉、有思想的，所以孕妈妈在讲故事时，要吐字清晰、速度缓慢，要充满慈爱，还要根据故事情节的变化变换语调。孕妈妈讲故事时还要灵活运用拟声词，将故事讲得绘声绘色，这样胎宝宝才爱听。讲故事的时候要避免高声尖叫，还要防止平淡乏味地读书。

要将故事“视觉化”

“视觉化”就是将鲜明的图画、动人的文字转换成有趣的动态影像印在脑海中。这就要求孕妈妈对故事的文字要通过自己的五官来使其形象化，以便更具体地传递给胎宝宝。因为胎宝宝对母亲的语言不是用耳而是用脑来接受的，对胎儿讲话时不能单凭声音，而要在头脑中先把所讲内容形象化或是抓住某种感觉再讲，把语言用一种画面或立体形象传授给胎宝宝。

孕妈妈读故事时将故事“视觉化”，不仅让胎宝宝听得更生动，孕妈妈讲故事的能力也会逐渐提高。

准爸爸也要讲故事

在给胎宝宝讲故事时，准爸爸的参与尤其重要。因为胎宝宝喜欢准爸爸那浑厚、有磁性的声音，这会让胎宝宝感到踏实。同时，准爸爸在讲故事的过程中能让胎宝宝记住准爸爸的声音，加深宝宝出生后对爸爸的认同。

准爸爸的声音，有益于胎儿情绪稳定

声学研究表明：胎儿在子宫内最适宜听中、低频调的声音，而男性的说话声音正是以中、低频调为主。因此，准爸爸坚持每天对子宫内的胎宝宝讲话，让胎宝宝熟悉你的声音，能够唤起他最积极的反应，有益于胎宝宝情绪稳定，也有益于其智力的发育。

准爸爸的开场白和结束语

大多数准爸爸的言谈举止比较粗犷，但是与胎宝宝交流互动时，就要注意一些方式方法了。比如讲故事前，应该有一些开场白。开场白的语言可参照如下：

“宝宝（或者叫乳名），我是你的爸爸，今天咱们讲《鲤鱼跳龙门》的故事吧！”

对话结束时，要对胎宝宝给予鼓励：“宝宝真聪明，听故事也很认真，爸爸爱你，咱们休息一会儿吧！”日常生活中，准爸爸也要抓住与胎宝宝互动的机会，增进交流，这样才能加深感情。

准爸爸讲故事的方法

准爸爸应该坐在距离孕妈妈 50 厘米的位置，用和缓的语调开始与胎宝宝对话，然后开始讲故事，并随着故事的展开再逐渐提高声音，不能一下子发出高音，以免惊吓到胎宝宝。

准爸爸讲故事时，不仅是面对孕妈妈，还要把腹内的胎宝宝当成一个懂事的孩子，赋予感情地向他讲述。孕妈妈也能通过语言神经将感受传递给胎宝宝，这样，胎宝宝在心理上和生理上能得到更好的发育，长成健康、快乐的宝宝。

怎样进行五感胎教

什么是五感胎教

五感就是人的五种感觉器官，即视觉、听觉、嗅觉、味觉、触觉。而五感胎教，是指孕妈妈和准爸爸利用不同的胎教方式来刺激胎宝宝这五种感觉器官，从而促进胎宝宝的脑部发育。

胎宝宝也有五感

很多人认为，在孕期，胎宝宝在孕妈妈的腹中无法感知来自母体外的信息。其实在腹中的胎宝宝和成人一样，也有五种不同的感觉系统，即所谓的五感。胎宝宝在母体内不仅仅是“索取者”，他的感觉器官和神经系统时时刻刻都在接收来自母体外的各种信息。越来越多的证据表明，胎宝宝在孕妈妈的腹中已经会看、会听、会闻、会尝、会感觉很多事物。胎宝宝不仅能感知孕妈妈的心跳，还能察觉孕妈妈的情绪和精神活动。

孕妈妈是胎教实现的基础

孕妈妈和胎宝宝之间的奇妙联系使胎教得以实现，也就是说孕妈妈可以通过自身的感受和描述，将自己的情绪、思想以及看到的事物、听到的声音、闻到的气味、尝到的味道、碰触的感觉传递给胎宝宝。因此，在孕期，孕妈妈应多看美好的事物，多听优美的旋律，多吃美味的食物，多闻清新的味道，以此让胎宝宝在感官上获得更多刺激。

如何实施五感胎教

五感胎教在孕期就可以开始。根据胎宝宝每个月不同的发育特征，相应地进行五感胎教，加强对五感的训练，以刺激胎宝宝的大脑得到更好的发育。同时对胎宝宝出生后的成长和人格成型起到很大的作用，并为将来的全面发育打下坚实的基础。

视觉

在孕期，胎宝宝在孕妈妈的腹中看不到外面的事物，但可以通过孕妈妈的视觉间接感受到。因此，孕妈妈应将自己所看到的美好事物描述给胎宝宝，让他从中感受。而随着胎宝宝的生长发育，胎宝宝也会逐渐感应光线的明暗。

听觉

随着自身的发育，胎宝宝能够逐渐区分出爸爸妈妈的声音，分辨声音的高低和强弱，有时还会用胎动对声音做出回应。孕妈妈可利用多种类型的音乐及自然界的声音来刺激胎宝宝的听觉。

嗅觉

孕期在腹中的胎宝宝不能闻到外界的气味，但能感受孕妈妈闻到的气味，当孕妈妈闻到好的气味时，胎宝宝能通过大脑感受孕妈妈闻到的香气，相反，胎宝宝闻到不好的气味也会皱眉头。

味觉

胎宝宝在孕妈妈肚子里就能感受甜、酸、苦等多种滋味。但胎宝宝不是通过嘴来品尝食物的味道，而是通过孕妈妈摄入后将味道传递给胎宝宝。

触觉

胎宝宝皮肤的感觉在孕期就能达到与成人一样发达。孕妈妈可以将自己触碰后的感觉传递给胎宝宝，让他也感受这其中的奇妙。孕妈妈可时常用手轻抚腹部，胎宝宝会做出回应。

目录

孕1月

孕2月

孕 3 月

孕4月

孕5月

孕6月

孕7月

孕8月

学9月

学10月

孕1月

孕1月，尽管孕妈妈还感受不到胎宝宝的存在，但胎宝宝已经在孕妈妈的腹中悄然“生根”，从这一刻起，孕妈妈的身份开始改变，生活也将开启新的篇章。

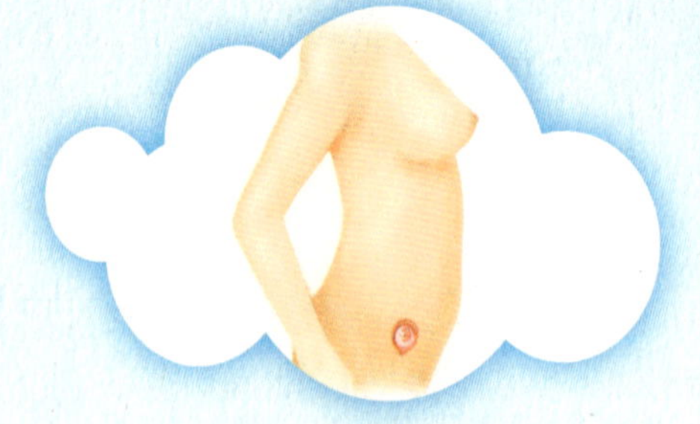

孕妈妈的变化

孕 1 月，孕妈妈还感觉不到变化，因为还不到下一次的月经时间，很少有人知道自己已经怀孕。

乳房：此时孕妈妈会感到乳房有点硬，乳头颜色变深且很敏感，稍微碰触可能就会引起疼痛。

子宫：卵巢现在开始分泌促使乳腺发育的黄体激素。

腹部：腹部从外表看起来没有什么变化。

胎宝宝的变化

胎宝宝真正在孕妈妈的身体里“落户”，可能是本月第 2 周或第 3 周才发生的事。爸爸的精子和妈妈的卵子相遇后，形成受精卵，胎宝宝从一个受精的卵细胞开始发育，大约受精后的第 4 天，分裂成细胞团。这个阶段，胎宝宝将从无到有，并以让人吃惊的速度成长着。

第1~2天 种子的故事

胎宝宝：精子和卵子的形式

准爸爸：戒烟、戒酒、戒咖啡

胎宝宝分别以精子和卵子的形式寄存在爸爸妈妈体内。胎宝宝到来的过程就像小苍耳去寻找乐园，过程虽苦，但会有所收获。因此，爸爸妈妈期盼着你能在妈妈的体内顺利扎根，顽强、幸福地生长。

苍耳妈妈对自己的孩子们说："很远的地方有一座乐园，那里有青草、有红花，你们在那里将找到幸福。"

可是，许多孩子因为害怕辛苦，不肯去；有的去了，只走到半路就不再向前走了。有一个小苍耳却暗暗下决心："不管多么艰苦，我也要找到幸福。"

这个小苍耳挂在一只过路的兔子身上，开始了他的旅程。

兔子撒欢儿向前跑，却苦了小苍耳，他好几次都差点被颠下来。他实在坚持不住了，掉到了湖边的一块儿石头上。这时，一个巨浪打来，小苍耳又被卷到湖水里，他在急流中忽上忽下，巧妙地躲开暗礁。小苍耳虽然筋疲力尽了，但他还是咬紧牙关闯过一个个险境。

"呼"一阵狂风吹过，夹杂着水花，小苍耳被狠狠地摔到河边的草地上，他大叫一声，失去了知觉。

暖烘烘的太阳将小苍耳照醒了。啊！映入眼帘的是碧绿的小草、鲜艳的花儿、清新的空气……

"多美啊！"小苍耳惊叹着，"我也该努力工作了！"于是，他把根深深地扎进土壤里。在阳光的照耀下，在轻风的吹拂下，小苍耳顽强而幸福地生长着。

第 3~6 天 小象的星星树

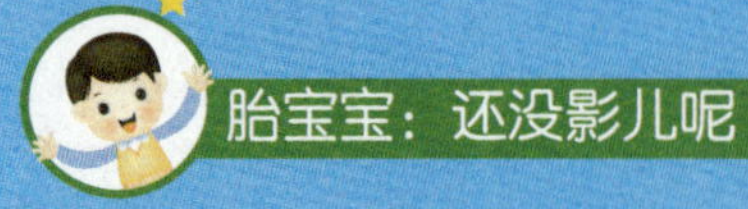

孕妈妈：记录末次月经

春天到了，动物们纷纷走出家门，来到森林边，栽下一棵棵小树苗。小狐狸和小猪栽了几棵苹果树，小猴子栽了三棵桃树，小松鼠栽了一棵松树……

小象也想栽一棵树，一棵属于自己的树。但要栽一棵什么树呢？

对了，自己最喜欢天上的星星，嗯，就栽一棵星星树吧！可是，哪里有星星树的小树苗呀？小象找啊，找啊。

别的动物听说了，都笑着说："哪会有什么星星树啊？根本就不会有星星树。"

小象却不相信，他说："要是没有星星树，天上的星星是从哪里来的？"

别的动物也不知道天上的星星是从哪里来的，只好说："那你就慢慢找吧！"

小象找了好久，也没有找到星星树。他有点失望，难道真的没有星星树？

这时，一只老乌龟爬了过来："听说你在四处找星星树？我这里倒是有星星树的种子，不过只有一颗，所以，你要好好地照顾它呀！"

小象听了高兴极了，连忙说："乌龟爷爷，我会好好照顾星星树种子的，您放心吧！"

老乌龟笑着拿出一颗小小的种子，递给小象："种子种下去以后，你每天都要给它唱一首歌，这样它才能长大……"

"好的，我会给它唱歌的。虽然我唱得不好听！"小象有点难为情地说。

回家之后，小象把种子埋到屋后的地里，按照乌龟爷爷说的，每天都给种子唱一首歌。小象唱道："小种子呀，快快发芽；不怕风吹，不怕雨打；昂起头来，让我们一起快快地长大……"可是，几个月

胎宝宝此时连影儿还没有呢。但你就像故事中的星星树，是世上独一无二的，也是最美丽的。爸爸和妈妈经过了身体、心理的准备，现在要开始孕育你这棵“小树苗”了。爸爸妈妈会用爱和细心将你孕育长大，期待你“发芽”的那一刻。

过去了，这颗种子始终没有一点动静。

“小象，乌龟爷爷给你的不是种子，是石头吧？”小狐狸和小猪笑着说。

“是啊，是啊，说不定是你不会种，所以种子才不会发芽。”小猴子说。

“不，乌龟爷爷不会骗我的，可能是我唱的歌不好听。”小象低着头说。

虽然这样，小象仍然像往常一样，每天都跑到屋后，给那颗种子唱一首歌。

有一天晚上，小象睡到半夜，突然听到屋后传来一阵阵优美的歌声：“小种子啊，快快发芽；不怕风吹，不怕雨打……”小象一听，急忙跑了出去。

哇，屋后的空地上，竟然长出了一棵无比美丽的树。哇，它一定就是星星树！

洁白的月光照耀着星星树，天上的星星一颗又一颗地飞下来。

星星们飞到星星树旁边，围住星星树，唱起了动听的歌儿。歌声飘得好远好远，附近的动物们都听见了……

第7~10天 司马光砸缸

胎宝宝：为到来“摩拳擦掌”

孕妈妈：开始计算排卵期

宝宝，妈妈开始计算排卵期了，只希望在最佳的日子怀上健康、聪明的你。现在妈妈偶尔会猜想你的性别，到底是男孩？还是女孩呢？无论男女，爸爸妈妈希望将来的你也能像司马光一样遇事沉着冷静。

司马光七岁的时候就像个大人一样懂事。听到老师讲解《左氏春秋》，他非常喜爱，放学之后就为家人讲述他所学到的，因此他更加明白了《左氏春秋》的内涵。他喜欢读书，经常书不释手，甚至忘了饥渴、冷热。

有一次，司马光跟小伙伴们在后院里玩耍。院子里有一口大水缸，有个小孩爬到缸沿上玩，一不小心掉到了缸里。缸大水深，眼看那孩子快要没顶了。别的孩子一见出了事，吓得边哭边喊，跑到外面向大人求救。

司马光却急中生智，从地上捡起一块大石头，使劲向水缸砸去，“砰”的一声，水缸破了，缸里的水流了出来，被淹在水缸里的小伙伴得救了。

小小的司马光遇事沉着冷静，从小就是一副小大人模样。这就是流传至今的“司马光砸缸”的故事。

宝宝，遇事不慌张，沉着冷静，才能想到解决问题的办法哦！

第11~14天 铁杵磨成针

胎宝宝：仍是精子和卵子的形式

孕妈妈：别忘了补充叶酸

为了你的到来，爸爸妈妈每天都在准备着，期待着。爸爸妈妈相信，只要未来的你像故事中的老奶奶一样，坚持不懈，努力去做，就一定能有所作为。

李白是唐代的大诗人，但是他小时候读书并不用功。

有一天，他的书读到一半，就不耐烦了："这么厚的一本书，什么时候才能读完啊！"于是他干脆不读了，把书一扔就溜出去玩了。李白在河边看见一位老奶奶正在磨刀石上用力地磨着一根铁棒。李白觉得很奇怪，便蹲了下来，傻傻地看了好一阵。老奶奶也不理会他，只是全神贯注地磨着。

后来，李白忍不住了，问道："奶奶，您这是干什么呢？"

"我在磨一根针，用来缝衣服。"老奶奶头也不抬，专心地磨。

"磨针？"李白更加奇怪了，"这么粗一根铁棒怎么能磨成针！"

老奶奶这才抬起头来说："孩子，铁棒再粗，我天天磨，还怕它磨不成一根针吗？"

李白听了，被她的毅力与意志所感动，恍然大悟："对呀！只要有恒心，再难的事情也能做成功的，读书不也是这个道理吗！"

于是，他便立刻转身跑回家去，拾起扔在地上的书，专心地读，从此再也不偷懒了。后来他成了中国历史上一位伟大的诗人，被后人称为"诗仙"。

第15~16天 牛顿与苹果的故事

胎宝宝：已经蓄势待发啦

准爸爸：吃些牡蛎提高精子质量

想着即将迎来健康的宝宝，爸爸在努力把自己的身体调整到最佳状态。爸爸希望你就像无意间砸中牛顿的苹果，砸中爸爸，让爸爸发现你更多的“秘密”。

传说1665年秋天的一天，牛顿坐在自家院里的苹果树下，苦思着行星绕日运动的原因。这时，一只熟透的苹果恰巧落下来，落在牛顿的脚边。这是一个发现的瞬间，这次苹果下落与以往无数次苹果下落不同，因为它引起了牛顿的注意。

牛顿从苹果落地这一自然现象中找到了苹果下落的原因——引力的作用，这种来自地球无形的力拉着苹果下落，正像地球拉着月球，使月球围绕地球运动一样。

这个故事据说是由牛顿的外甥女巴尔顿夫人告诉法国哲学家、作家伏尔泰之后流传开来的，伏尔泰将它写入《牛顿哲学原理》一书中。

牛顿家乡的这棵苹果树后来被移植到剑桥大学中。

后来，牛顿被当作发现宇宙规律的英雄人物继而被赋予传奇色彩，他与苹果的故事更是广为流传。

宝宝将来也要勤加思考，探索大千世界的奥秘。

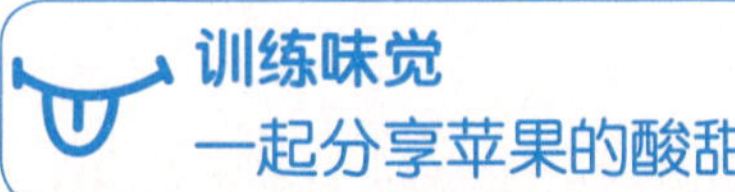

第17~18天 爱迪生孵小鸡

胎宝宝：为到来做足准备

孕妈妈：在排卵期同房

生命的诞生是一个奇妙而伟大的过程，就像鸡妈妈孵小鸡一样，要经过长时间的"付出"，才会孵出小鸡。宝宝，此时爸爸妈妈正在精心准备迎接你的到来。

爱迪生小时候就热爱科学，凡事都爱寻根追底，都要动手试一试。

有一次，他看到母鸡在孵蛋，就好奇地问妈妈："母鸡为什么卧在蛋上不动呢？是不是生病了？"妈妈告诉他，这是母鸡在孵小鸡，过一些日子，蛋壳里就会钻出鸡宝宝来。

听了妈妈的话，爱迪生感到新奇极了，他想，母鸡卧在鸡蛋上就能孵出小鸡来，鸡蛋是怎样变成小鸡的呢？人卧在上边行不行？他决定试一试。

爱迪生从家里拿来几个鸡蛋，在邻居家找了个僻静的地方，他先搭好一个窝，在下边铺上柔软的茅草，再把鸡蛋摆好，然后就蹲坐在上边，他要亲眼看一看鸡蛋是怎样孵成小鸡的。

天快黑下来了，还不见爱迪生回家，家里的人都非常着急，于是到处去找他。找来找去，才在邻居的后院找到了爱迪生。只见他坐在一个草窝上一动也不动，身上、头上沾了不少草叶。家里人见了，又生气又好笑，问他："你在这儿干什么呢？""我在这儿孵蛋啊！小鸡快要孵出来了。""孵什么蛋，快点出来！"爸爸大声喝道。"母鸡能孵蛋，我要看看怎样孵出小鸡来。""不行！不行！快回家！"爸爸又呵斥道。

妈妈却没有责怪和取笑他，因为她知道这孩子的性格，微笑着说："人的体温没有鸡的体温高，你这样是孵不出小鸡来的。"爱迪生虽然没有孵出小鸡来，但是通过这次孵蛋增长了知识。

训练视觉
看毛茸茸的小鸡

第19~22天 树木在秋天写的信

胎宝宝：囊泡分化为胎盘和胎宝宝

孕妈妈：远离生活中的辐射

宝宝，虽然你已经在妈妈的腹中“安营扎寨”，但此时妈妈还感觉不到你。而你的到来如同秋风送来的信，写满了秋天深沉的爱意。

在一个低矮的山坡上，有一棵好大好大的银杏树。

春天到了，太阳公公笑眯眯地拍着银杏树，贴着耳朵说：“乖孩子，别睡了，现在该发芽了！”过了一天又一天，在太阳公公的看护下，可爱的银杏树终于穿上了绿色的新衣，一身绿装的银杏树变得非常美丽。

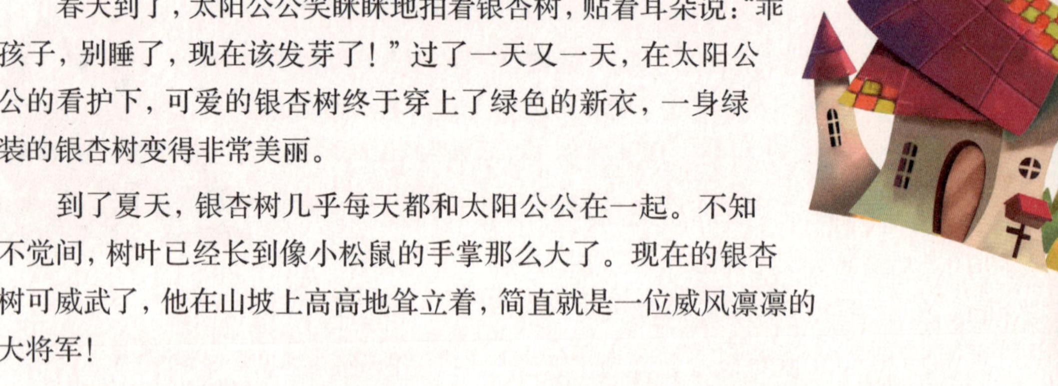

到了夏天，银杏树几乎每天都和太阳公公在一起。不知不觉间，树叶已经长到像小松鼠的手掌那么大了。现在的银杏树可威武了，他在山坡上高高地耸立着，简直就是一位威风凛凛的大将军！

慢慢地，秋天来了，银杏树也在一天一天地变化着。他渐渐卸下美丽的绿装，换上一身金灿灿的黄衣。

一天，风伯伯轻轻拍拍银杏树说：“你看，那边山上来信了，不过这信可没有署名字。”

“瞧，”银杏树看着风伯伯递过来的叶子信，笑着说，“它好像娃娃的手掌，又这么红，不用说，一定是枫树妹妹给我写来的，我得看看她在信里说了些什么。”

红枫树在信里写了好多有趣的故事。在旁边悄悄藏着看信的蓝尾巴鸟也快乐地拍起翅膀来。风伯伯在一旁禁不住呵呵呵地笑……

不久，风伯伯又送来一封椭圆的、红艳艳、黄灿灿的信，银杏树又马上猜到：那一定是小淘气——柿子树的信！信一封接一封地来，银杏树一封接一封地读，风伯伯就这样一天天传递着大树们的欢乐与友爱……

第23~24天开始

胎宝宝：受精卵着床

孕妈妈：注意多休息

此时，胎宝宝正式在孕妈妈的腹中“安营扎寨”了。在这十个月中，你将在妈妈的腹中开始新的生活，而爸爸妈妈的“新生活”也即将开始起航。

“我是从哪儿来的？你在哪儿把我捡起来的？”孩子问他的妈妈说。

她把孩子紧紧地搂在胸前，半哭半笑地答道——“你曾被我当作心愿藏在我的心里，我的宝贝。”

“你曾存在于我孩童时代玩的泥娃娃身上；每天早上我用泥土塑造我的神像，那时我反复地塑造了又捏碎了的就是你。”

“你曾和我们的家庭守护神一同受到祀奉，我崇拜家神时也就崇拜了你。”

“你曾活在我所有的希望和爱情里，活在我的生命里，我作为母亲的生命里。”

“当我做女孩子的时候，我的心的花瓣儿张开，你就像一股花香似的散发出来。”

“你的软软的温柔，在我青春的肢体上开花了，像太阳出来之前的天空里的一片曙光。”

“上天的第一宠儿，晨曦的孪生兄弟，你从世界的生命的溪流浮泛而下，终于停泊在我的心头。”

“当我凝视你的脸蛋儿的时候，神秘之感湮没了我，你这属于一切人的，竟成了我的。”

“为了怕失掉你，我把你紧紧地搂在胸前。是什么魔术把这世界的宝贝引到我这双纤小的手臂里来的呢？”

——泰戈尔（印度）

等你出生了，妈妈要把你轻轻搂在怀里，保护你。

第25~28天 一个豆荚里的五粒豆

胎宝宝：用脐带和孕妈妈相连

孕妈妈：月经停止来潮

有一个豆荚，里面有五粒豌豆。它们都是绿的，因此它们就以为整个世界都是绿的。

太阳在外边照着，把豆荚晒得暖洋洋的。这里既温暖，又舒适。豌豆粒坐在那儿越长越大，同时也开始沉思起来，因为它们多少得做点事情呀。“难道我们永远就在这儿坐下去吗？”它们问。

许多个星期过去了。这几粒豌豆变黄了，豆荚也变黄了。“整个世界都在变黄！”它们说。忽然它们觉得豆荚震动了一下。它被摘下来了，落到人的手上，“我们不久就要被打开了！”它们说。“我倒想知道，我们之中谁会走得更远！”最小的一粒豆说。“是的，事情马上就要揭晓了。”最大的那一粒说。

“啪！”豆荚裂开来了。那五粒豆子全都滚到太阳光里去了。它们躺在一个孩子的手中。这个孩子紧紧地捏着它们，说它们刚好可以当作枪的子弹用。他马上安一粒进去，把它射出来。“现在我要飞向广大的世界里去了！如果你能捉住我，那么就请你来吧！”于是它就飞走了。

“我，”第二粒说，“我将直接飞进太阳里去。这才像一个豌豆呢，而且与我的身份非常相称！”于是它也飞走了。

“我们到了什么地方，就在什么地方睡。”其余的两粒说。“该怎么办就怎么办！”最后的那一粒说。它被射到空中去了，落到顶楼窗子下面一块旧板子上，正好钻进一个长满了青苔的裂缝里去。青苔把它藏起来。它躺在那儿不见了。

在这个小小的顶楼里住着一个穷苦的女人。她白天到外面去擦炉子、锯木材，并且做许多类似

伴随着细胞的分裂、发育，脐带也开始发育，这将为胎宝宝供应充足的营养，也是联系妈妈和胎宝宝的纽带。而妈妈的子宫就像五粒豆的豆荚，是你最温暖的“房子”，时时刻刻保护着你。

的粗活，因为她很强壮，而且也很勤俭，不过她仍然很穷。她有一个生病的小女儿，躺在这顶楼上的家里。她的身体非常虚弱。

一天，这个生病的小女孩望着最低的那块窗玻璃。“从窗玻璃旁边探出头来的那个绿东西是什么呢？它在风里摆动！”

母亲走到窗子那儿去，把窗打开一半。“啊！”她说，“我的天，这原来是一粒小豌豆。它还长出小叶子来了。它是怎么钻进这个缝隙里去的？现在有一个小花园来供你欣赏了！”女孩的床搬得更挨近窗子，好让她看到这粒正在生长着的豌豆。母亲便出去做她的工作了。“妈妈，我觉得我好了一些！”这个小女孩在晚间说，“太阳今天在我身上照得怪温暖的。这粒豆子长得好极了，我也会长得更好的；我要爬起来，走到温暖的太阳光中去。”母亲仔细地用一根小棍子把这株植物支起来，好让它不被风吹断，因为它使她的女儿对生命产生了愉快的想象。她从窗台上牵了一根线到窗框的上端去，使这粒豆可以盘绕着它向上长，它的确在向上长——人们每天可以看到它在生长。

“真的，它现在要开花了！”女人有一天早晨说。她现在开始希望和相信，她的孩子会好起来。她记起最近这孩子讲话时要比以前愉快得多，而且最近几天她自己也能爬起来，直直地坐在床上，用高兴的眼光望着这一颗豌豆所形成的小花园。窗子打开了，它面前是一朵盛开的、粉红色的豌豆花。小女孩低下头来，在它柔嫩的叶子上轻轻地吻了一下。这一天简直像一个节日。“我幸福的孩子，上帝亲自种下这颗豌豆，叫它长得枝叶茂盛，成为你我的希望和快乐！”母亲高兴地说。她对着花儿微笑，好像它就是上帝送下来的一位善良的天使。

孕2月

孕2月，小生命终于如期而至，在孕妈妈的腹中“生根”“发芽”。孕妈妈也为此惊喜不已，但又有些担心，担心自己是否可以呵护好腹中的“小幼苗”。而现在胎宝宝也在子宫里努力地成长着，他也想快快和爸爸妈妈相见。

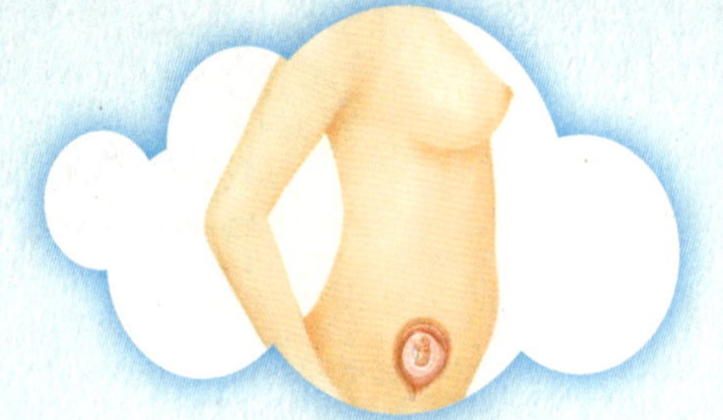

孕妈妈的变化

孕妈妈最大的变化是月经停止，多数孕妈妈开始“害喜”了。

乳房：乳房增大明显，变得更加敏感，会有些胀痛。乳晕颜色加深了，并有小结节突出。

子宫：子宫变得跟鹅蛋一样大小，子宫壁因受精卵着床而变得柔软并且稍微增厚。

腹部：腹部依然没有什么变化。

胎宝宝的变化

胎宝宝一植入子宫，就开始分泌化学物质，通知妈妈：“我来啦！请让子宫和乳房为我做好准备。”同时胚胎细胞更加分化，形成“三胚层”，每一层细胞都将形成身体的不同器官。

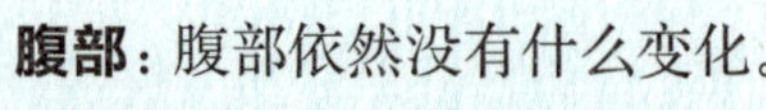

第29~30天 神奇的西瓜

胎宝宝：有苹果子大小

孕妈妈：生活要规律

现在，胎宝宝差不多有苹果子大小了。但是妈妈相信，只要经过辛勤的栽培、漫长的等待、快乐的收获……就可以孕育一个聪明的你。

有个小孩叫小小。一天，他牵着山羊来到集市，一位老奶奶笑呵呵地来到小小面前："孩子，这只美丽的山羊你是要卖掉吗？""是呀，我要卖掉它，好买一些粮食。"小小回答说。老奶奶点点头，从小包裹里取出三颗黑亮亮的种子，"这是神奇的种子，它里面藏着很多宝物呢！你想用这只山羊交换吗？"小小摸摸脑门，想了想，说："好吧。"小小小心翼翼地把那三粒种子放进衣袋之后，回家了。

妈妈看见小小用一只山羊只换来三颗黑乎乎的种子时，生气极了。小小安慰妈妈说："别担心，老奶奶不会骗我的。我们把种子种下去一定会有奇迹发生。"

种子种下去了，小小每天辛勤地给土地里的种子浇水、施肥，可种子好像没有一点儿变化。但小小还是满怀希望地等待着，就这样，一个星期过去了。

第八天，奇迹终于出现了！"妈妈，快来看呀！"清晨，小小一来到院子里就大声叫嚷，"种子发芽了！"啊！那黑乎乎的种子真的发芽了！两片嫩嫩的绿色芽瓣面对面挺立着。小小和妈妈心里真是说不出的高兴。从此，他们对出土的小芽照顾得愈发精心了。

小芽苗每天在太阳公公温暖的怀抱中，呼吸着甜甜的空气，吮着清凉的泉水，长啊长啊，叶梗变得像妈妈的手指一样粗了。终于，梗上开了花，花谢后结出了圆圆的果子。转眼，小圆果已经长大了。"啊，妈妈你看，那不是甜甜的大西瓜吗！"

看着一个个大西瓜，妈妈抱着小小开心地笑了。原来，老奶奶说的宝物就是这些又大又甜的大西瓜！

训练味觉
细细品尝西瓜的香甜

第31~34天 猪八戒吃西瓜

胎宝宝：小心脏即将跳动

孕妈妈：做做舒缓的瑜伽

唐僧、孙悟空、猪八戒、沙和尚一起到西天取经。有一天，天热极了。他们走得又累又渴，孙悟空说："你们在这儿歇一会儿，我去摘点水果来给大家解解渴。"猪八戒连忙说："我也去，我也去！"他想：跟着孙悟空去，能早点吃到水果，还可以多吃几个。

猪八戒跟着孙悟空走呀，走呀，走了许多路，连个小酸梨也没找着。他心里不高兴了，就"哎哟，哎哟"地叫起来。"你怎么了，八戒？""我肚子疼，走不动了。你自己去吧，摘了水果可别一个人吃了。"孙悟空知道猪八戒偷懒，不理会他，就翻了一个跟斗云，跑去南海摘水果了。

再说猪八戒，他找了个树荫，正想睡一觉，忽然看见山脚下有一个绿油油的东西，走过去一看，哈哈，原来是个大西瓜！他兴奋极了，把西瓜一切四块，自言自语地说："第一块，请师父吃；第二块请大师兄吃；第三块，请沙师弟吃；第四块，嗯，我自己吃。"于是他张开大嘴巴，几口就把自己的那块西瓜吃完了。

嘴馋的猪八戒觉得，"西瓜一块不够吃，我把大师兄的那一块吃了吧。"于是他又吃了一块。吃完后八戒觉得，"西瓜真解渴，再吃一块不算多，我把沙师弟的那一块也吃了吧。"他又吃了一块，这下只剩师父唐僧的那一块了。他捧起来，又放下去，放下去，又捧起来，最后还是憋不住，把这块西瓜也吃了。

"八戒，八戒！"猪八戒一听，是孙悟空在叫他呢。原来孙悟空在南海摘了蜜桃、甜枣、玉梨回来，正好看见猪八戒在切西瓜，就在云头上偷偷地瞧着。

胎宝宝的心壁正在形成，心脏即将跳动。而此时胎宝宝的神经系统开始发育，不久后就能感觉到爸爸妈妈说话了。自从知道你来到的那一刻，妈妈想把自己的一切都和你分享，在分享的过程中，妈妈也会感到无比的快乐。

“八戒，八戒，你在哪里？”八戒慌了，心想，我找到大西瓜自己吃了，要是让大师兄知道，告诉了师父，这就糟了。他连忙拾起四块西瓜皮，把它们扔得远远的，这才回答说：“我，我在这儿呢！”孙悟空说：“我摘了些果子，咱们回去一起吃吧。”猪八戒说：“好的，好的。”

没想到八戒刚走了几步，就摔了一跤，脸都跌肿了，低头一看，原来是踩在自己刚才扔的西瓜皮上了。孙悟空说：“是哪个懒家伙把西瓜皮乱丢，害得八戒摔了一跤！”“哎，哎，不要紧，没摔痛。”

八戒和孙悟空又往前走，“啪嗒”一下，八戒又摔了一跤。孙悟空说：“哎呀，又是哪个懒家伙偷吃了西瓜，把西瓜皮乱丢。”八戒心想：怎么又碰上一块，真倒霉！可要小心点儿啦。他刚想到这儿，忽然脚下一滑，又摔了一跤。

孙悟空哈哈大笑，说：“八戒，你今天怎么总摔跤？”八戒的脸越涨越红，一句话也讲不出来。总算走到了休息的地方，八戒心想：一路上摔了三跤，摔得我好苦啊，这下总该没事了吧，可没曾想，“啪嗒”，又是一下，八戒重重地摔在地上，再也爬不起来了。

唐僧、沙和尚看见八戒脸上青一块、紫一块，肿了一大半，更加胖了。就问他是怎么回事，八戒结结巴巴地说：“我不该一个人吃了一个大西瓜，这一路上摔了四跤。”说完大家都笑了起来。

宝宝，将来有好吃的要学会分享哦，这样你会很快乐。

第35~36天 东郭先生和狼

胎宝宝：面部已有雏形

准爸爸：继续戒烟

胎宝宝的面部线条开始发育，马上要成为“有头有脸”的人物了。爸爸希望你可以像妈妈一样善良，帮助需要帮助的人，但不要像东郭先生那样滥施同情心啊。

有一天，东郭先生牵着毛驴出门，毛驴的背上还驮着一口袋书。忽然，一只狼蹿了出来，把东郭先生吓坏了。没想到，狼跪在东郭先生面前，一把鼻涕一把泪地说：“先生，您快救救我吧！猎人在后面就要追上来了！”东郭先生看见狼这副可怜相，就心软了，答应了狼的请求。于是，东郭先生把口袋里的书都倒了出来，让狼钻进去，然后把袋口系紧了。

这时，猎人追上来了，问东郭先生：“您有没有看见一只狼？”东郭先生故作镇定地摇着头说：“没看见。”等猎人走远了，东郭先生长舒了一口气，解开袋口，把狼放了出来。

狼一边舒展着身体，一边恶狠狠地大声对东郭先生说：“我现在可是饿坏了，你心肠这么好，就让我吃了你吧！”说着，就张着血盆大口向东郭先生扑过去。

就在这危急的时刻，来了一位拄着拐杖的老人。东郭先生像见到救星一样，赶忙拉住老人，把刚才发生的事情讲了一遍，要老人给评评理。狼也走过来，为自己辩解：“您别听他胡说八道，他刚才把我塞进口袋里，害得我在里面闷得喘不上气来，这样的人我不该把他吃掉吗？”

老人想了想，说：“我也不好判定谁是谁非。这样吧，你们把刚才的情形再做一遍让我看看。”狼觉得老人说的话有道理，就又钻进了东郭先生的口袋里，东郭先生又把袋口系紧了。老人立刻举起拐杖狠狠地朝狼打去……

第37~40天 聪明的一休

胎宝宝：像个小海马

孕妈妈：少吃垃圾食品

胎宝宝在爸爸妈妈的精心呵护下持续成长，而胎盘和脐带也开始为胎宝宝输送营养。因此，爸爸特意下厨为你和妈妈做了一顿“大餐”，让你健康成长，如一休般聪明。

日本安国寺里有个叫一休的小和尚，他机智过人，常常帮人排疑解难。一位将军听了不以为然，他说：“一个住在寺院里的小和尚，见到的只不过是井口那么大的一片天，孤陋寡闻，能有什么过人之处？”但当一休的机智受到越来越多的人称赞时，将军开始半信半疑了，他决定试一试他。于是，他让地方官新右卫门去请一休，说是要宴请他和他的师兄弟们。

第二天，一休随新右卫门来到将军府。他们刚一坐下，就进来一位妇女，冲他们鞠了一躬，对一休说：“一休小师父，听说你聪慧过人，今天我有一难事相求，请多多帮忙。”一休心想：这将军够性急的，还未坐稳，就想来个下马威。他心里想着，却一副不慌不忙的样子说：“请不必客气。”这妇人说：“昨天来了不少客人。客多，碗少，所以客人们除了饭碗是每人 1 个外，菜碗和汤碗都是共用的。菜碗是 2 人共用 1 个，汤碗是 3 人共用 1 个，这样一共用了 220 个碗。现在客人们走了，我们要记录一下昨天一共来了多少位客人。可我怎么也算不出，请一休小师父帮忙算算。”一休闭目琢磨了一会儿，微笑着说：“一共有 120 位客人。”那妇人一惊，不禁脱口说道：“对，是 120 位客人。”一休意味深长地看了将军一眼，不慌不忙地算起来：饭碗是每人 1 个，菜碗是 2 人 1 个，汤碗是 3 人 1 个，也就是说 1 人用 1 个饭碗，1/2 个菜碗，1/3 个汤碗，合起来 1 个人用的碗数就是 1 + 1/2 + 1/3 = 11/6（个）。因为总共用了 220 个碗，每个人用了 11/6 个碗，所以客人就是 220÷11/6 = 120（位）。

将军听了不得不点头称赞：“聪明的一休，果然名不虚传。”于是马上吩咐家人，摆出宴席，盛情款待了一休师兄弟们。

第41~44天 狐狸和乌鸦

胎宝宝：胚胎上“伸出”头部

孕妈妈：远离香水和化妆品

胚胎上突出的“小肿块”就是胎宝宝的头部，经过不断发育，最终可以独立思考。因此，你要用你聪明的小脑袋去分辨话语的真假，不要轻信别人的花言巧语。

森林里有一棵很粗很壮的树，树上住着一只乌鸦。树下有个洞，洞里住着一只狐狸。

一天，乌鸦叼来一块肉，站在树上休息，被狐狸看到了。狐狸垂涎欲滴，很想从乌鸦嘴里得到那块肉。

由于乌鸦在树枝上嘴里叼着肉，狐狸没有办法在树下得到。对肉的垂涎三尺又使狐狸不肯轻易放弃。

他眼珠一转说：“亲爱的乌鸦，您好吗？”乌鸦没有回答。狐狸只好赔着笑脸又说：“亲爱的乌鸦，您的孩子好吗？”乌鸦看了狐狸一眼，还是没有回答。

狐狸摇摇尾巴，第三次说话了：“亲爱的乌鸦，您的羽毛真漂亮，麻雀比起您来，就差远了。您的嗓子真好，谁都爱听您唱歌，您就唱几句吧！”

乌鸦听了非常得意，就高兴地唱了起来。刚一张嘴，肉就从嘴里掉了下去。狐狸叼起肉便一溜烟地跑到洞里去了，只留下乌鸦在那里卖力“歌唱”。

好听的话谁都爱听，
但不要被迷惑了哦，
要学会分辨。

第45~46天 画蛇添足

胎宝宝：躯体像长脚的“小蛇”

孕妈妈：告诉领导自己怀孕了

现在，胎宝宝的躯体看起来像条长脚的小蛇，不久后，会慢慢长出体节，变成胎宝宝的小脑袋和身体。今天妈妈跟你讲的故事，就是和蛇有关哦。

古代楚国有个贵族，祭过祖宗以后，把一壶祭酒赏给前来帮忙的门客。

门客们互相商量说：“这壶酒大家都来喝则不够，一个人喝则有余。那咱们各自在地上比赛画蛇，谁先画好，谁就喝这壶酒。”

有一个人最先把蛇画好了。他端起酒壶正要喝，却得意扬扬地左手拿着酒壶，右手继续画蛇，说：“我再给它添上几只脚吧！”

可是没等他把脚画完，另一个人已经把蛇画成了。那人把壶抢过去，说：“蛇本来是没有脚的，你怎么能给它添脚呢！”说罢，便把壶中的酒喝了下去。

第47~48天 孟母三迁

胎宝宝：胳膊就像两只“小鱼鳍”

孕妈妈：避免食用辛辣、生冷食物

胎宝宝的小胳膊看起来就像两只“小鱼鳍”。此时更需要孕妈妈提供良好的宫内环境，好让胎宝宝在里面“游来游去”。因此，爸爸妈妈会像孟母三迁那样，为你提供良好的环境。

孟子，名轲，字子舆。战国时期鲁国人。孟子三岁时父亲就离开了他，是母亲一手把他抚养长大的。

孟子小时候很贪玩，模仿性很强。他家原来离墓地很近，孟子就和邻居小孩学大人跪拜的样子，他母亲说：“这不是我可以用来安顿儿子的地方。”于是搬迁到集市旁边，孟子又玩起模仿商人卖东西的游戏。他母亲说：“这也不是我可以用来安顿儿子的地方。”又搬家到学堂旁边。于是，孟子就又做些谦让食物的礼仪游戏，而且跟着老师学习礼节和知识。他母亲说：“这里可以用来安顿我的儿子。”他们就在那里住了下来。

有一天，孟子逃学回家，孟母正在织布，看见孟子逃学，非常生气，拿起一把剪刀，就把织布机上的布匹割断了。孟子看了很惶恐，跪在地上请问原因，孟母责备他说：“你读书就像我织布一样，织布要一线一线地连成一寸，再连成一尺，再连成一丈、一匹，织完后才是有用的东西。学习也必须靠日积月累，而这织了一半的布，半途而废岂不是太可惜了，要成就一番事业更需要坚持不懈的努力才能成功。”

孟子深受感动，从此发奋图强，孜孜不倦，最终成为著名的思想家、教育家，被后人赞誉为一代伟人——亚圣。孟母也因孟子的学术伟绩而在中国历史上享有光辉照人的一笔。

第49~52天 孔雀惜尾

胎宝宝：眼睛内的晶体形成

准爸爸：准备充足的蔬果

现在胎宝宝眼睛内的晶体开始形成、发育。此时你是不是也想看看孔雀开屏？等你长大后，爸爸一定带你去欣赏孔雀开屏的美。

有一只雄孔雀的长尾巴真是漂亮极了，金黄和翠绿的颜色互相交错，在阳光下闪烁着艳丽的光泽，令人惊叹大自然的造化竟有如此神奇美妙的杰作，这绝不是一般的画家用七彩笔所能描绘出来的。

岂止是人类羡慕雄孔雀美丽的尾羽，就连这雄孔雀自身也因这美丽而陶醉，以至于养成了自恋、嫉妒的恶习。它虽然已经被人类驯养很久，但只要见到有少男少女穿着颜色鲜艳的服装，仍然禁不住妒火中烧，总要撵上去啄咬几口，才肯罢休。

早先，这只雄孔雀每逢在山里栖息的时候，总是要先选择好一个能掩藏尾羽的地方，然后再来安置身体的其他部位。可是有一天，天上突然下起了大雨，雄孔雀因躲避不及，而淋湿了漂亮的尾羽，这使它好心痛呀。恰在此时，手持罗网的捕鸟人来到了孔雀的面前，而这只孔雀还在珍惜顾盼自己漂亮的尾羽，不肯展翅高飞逃离，于是落入了捕鸟人撒下的罗网里。

雄孔雀有着美丽的长尾羽，这本来是一件值得骄傲的事，但它却对自己的这一优长之处珍爱得太过分了，其结果反而招致了祸患。

训练视觉
欣赏大自然中漂亮的颜色

第53~54天 猴子捞月亮

胎宝宝：协调躯体的小脑形成

准爸爸：和孕妈妈聊聊天

胎宝宝的小脑开始发育，不久后会更加聪明、灵活。那爸爸想问问你，月亮掉进井里了该怎么办？需要把月亮捞上来吗？

在一座山上，住着一群猴子。一天晚上，月亮又圆又亮，猴子们都下山来玩。他们蹦蹦跳跳，东瞧瞧，西看看，玩得很快乐。

一只小猴子看见一口水井，他趴在井沿上朝井里一看，咦，井里有一个又圆又亮的月亮。小猴子吓得撒腿就跑，大声叫喊："不好了！不好了！月亮掉到井里了！"老猴子听见了，也连忙跑过来，朝井里一看，月亮果然在井里。老猴子就把猴子们都喊了来，对他们说："不得了！不得了！月亮掉在井里了！我们赶快把月亮捞上来吧。"

小猴子说："我们爬到大树上去，一个接一个地倒挂下来，一直挂到井里，就可以把月亮捞上来了。"大家说这个主意不错，都爬上了大树。老猴子用两只脚紧紧地钩住了树枝，倒挂下来。大猴子从老猴子身上爬下去，用两只脚钩住老猴子的手。就这样，一个猴子接一个猴子，一直倒挂到井里。最后一个是小猴子，小猴子把手伸到水里去捞月亮，井水给他一搅，月亮碎成了一片一片，在水里漂荡。小猴子吓得喊了起来："哎哟，不好了！月亮给我抓破了！"

老猴子听了，生气地说："唉，怎么这么点小事都干不好！"大家都埋怨起小猴子来。一会儿，井水慢慢平静了，又出现了又圆又亮的月亮。小猴子高兴地喊："好了，好了，月亮又圆了！"小猴子又伸手去捞，捞呀，捞呀，捞了半天，还是捞到一把水。小猴子急得吱吱吱直叫唤："哎哟！累死我了！月亮一碰就破，再也捞不起来啦！"老猴子忽然抬头一看，又圆又亮的月亮还好好地挂在天上，就对大家说："你们看，月亮不是好好地挂在天上吗？在井里的是月亮的影子。傻孩子，快上来看月亮吧！"听老猴子这么一说，小猴子、大猴子一个一个都爬上来。大家看着又圆又亮的月亮，吱吱吱吱地笑了起来。

第55~56天 外婆的棉花会唱歌

胎宝宝：大脑迅速发育

准爸爸：陪孕妈妈散步

胎宝宝的大脑迅速发育，因此头部要比躯干大得多。宝宝，你在妈妈的肚子里静悄悄的，是不是也在仔细听蝈蝈唱歌呢？

在乡下，外婆的棉花地里住着一只蝈蝈。

棉花那么软、那么白，蝈蝈躺在上面舒服极了。他头枕着手臂，仰望着蓝天。天上飘着白白的云，轻飘飘、软绵绵的，蝈蝈想：原来天上也有那么温暖的棉花呀，这样小鸟就不怕冷了。

一个小朋友从棉花地经过，手里拿着一个白白的、圆圆的棉花糖，边吃边说："好甜呀，太好吃了。"蝈蝈心里也甜甜的，原来棉花还可以这么甜，让小朋友这么开心呀。

一天，下雪了，小动物们开心地在雪地上玩儿，留下了各种脚印。

蝈蝈望着那么多小脚印，心想，原来棉花还可以用来画画呢。

"丁零零、丁零零"，一只白白胖胖的小绵羊从旁边跑过，原来它的脖子上挂着一个漂亮的铃铛，发出好听的声音。

蝈蝈的心也轻快起来，原来棉花还可以发出这么好听的声音呀，他跟着哼起了歌儿。

路过的人都听到了，都说外婆的棉花会唱歌呢！

孕3月

到本月末胚胎就发育成一个名副其实的胎宝宝了，小家伙长出了胳膊和腿，心脏开始自主地跳动，听到胎宝宝心脏跳动的声音，孕妈妈的心也跟着悸动，从此时起，母子的心将一起跳动。

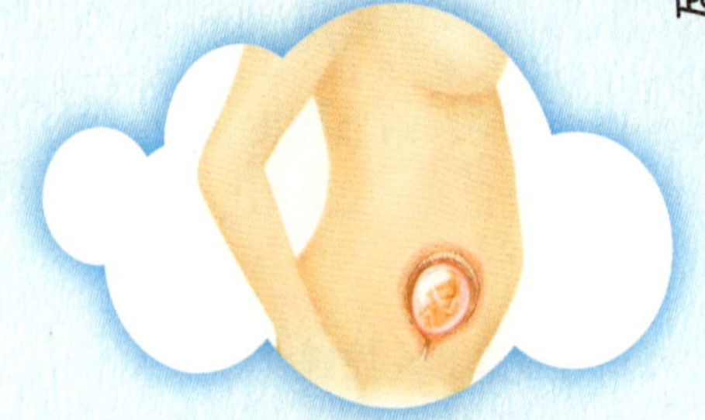

孕妈妈的变化

很多孕妈妈仍会出现乏力、恶心呕吐等不适。即使妊娠反应较大，也要在肠胃较舒适时尽量多吃些水果、蔬菜、豆制品或坚果类小零食。

乳房：乳房更加胀大，乳头和乳晕色素加深，需要更换大号的文胸，这样会更舒服。

子宫：如果按压子宫周围，能感觉到胎宝宝的存在。

腹部：一般来说，腹围没有太大的变化。

胎宝宝的变化

胚胎期的小尾巴已经消失了，小家伙的变化很大，是个真正的“胎宝宝”了。胎宝宝现在开始发育形成器官系统，11 周左右即可分辨出性别。

第57~58天 金色的星星

胎宝宝：可以看出面部样貌

孕妈妈：一定要吃早饭

此时胎宝宝的面部有了大致的轮廓。通过B超，可以看到样貌啦。宝宝，此时你就像一颗小星星，虽然发出的光很微弱，但妈妈相信你，有一天你终能变得亮晶晶的。

很久很久以前，在天河的附近，住着三颗小星星，一颗是蓝色的，一颗是红色的，第三颗最小，只能发出微弱而可怜的光。

每当太阳落山以后，这三颗小星星就待在各自出生的地方，放射着光芒。但在天黑以前，他们得去天河里打来第二天做早饭用的水。

一天傍晚，三颗小星星从天河里打完水往回走时，发现路旁有一个黑乎乎的东西在蠕动。他们走了过去。

只见一只小喜鹊痛苦地躺在地上，身上满是污泥，翅膀耷拉在地上，两只腿在不住地发抖。

“好可怜的小喜鹊啊……可是我们又能怎么办呢？”红星和蓝星说。

“我得给他洗一洗。”第三颗小星星说道。

“这可是你明天做早饭用的水呀！”蓝星尖叫着说。

小星星没有理会，径直走到喜鹊跟前，放下水桶说：“你身上沾满了污泥，怎么能飞呢？”他边说边一捧一捧地把水浇在喜鹊身上。

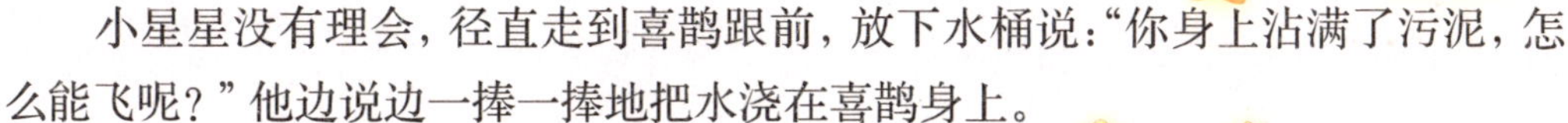

天渐渐黑了，红星和蓝星都走了。

第三颗小星星依然在细心地清洗着喜鹊的身体。一捧水，两捧水……喜鹊渐渐恢复了元气，他挺了挺身子，睁开眼睛。小星星看到喜鹊的眼里闪射出金色的光芒，那金色的光芒越来越强烈。接着，喜鹊抖动了一下翅膀，感激地叫了一声，展翅飞走了。

小星星拎着空桶又来到天河边打水。就在他弯下腰准备打水的时候，突然发现河水中闪烁着一颗金色的星星。“啊！”小星星高兴得叫了起来，原来他自己已经变成了耀眼的金色小星星！

第59~62天 三只小猪盖房子

胎宝宝：手指像鸭子的脚蹼

孕妈妈：保持情绪稳定

在一个遥远的山村里，住着一位猪妈妈和三只可爱的小猪。为了养活三个孩子，猪妈妈每天很辛苦，小猪们一天天长大了，可还是什么事都不做。

一天晚上，吃过晚饭，猪妈妈把孩子们叫到面前郑重其事地说："你们已经长大了，应该独立生活了，等你们盖好自己的房子后就搬出去住吧！"三只小猪谁也不想搬出去住，不想自己动手盖房子，又不能不听妈妈的话。于是，他们开始琢磨盖什么样的房子。

老大先动手了。他首先扛来许多稻草，选择了一片空地，在中间搭了一座简易的稻草屋。老二跑到山上砍下许多木头回来，锯成木板、木条，叮叮当当地敲个不停。不久，老二也盖好了自己的木房子。

老三左思右想，终于决定建造一栋用石头砌成的房子，因为这种房子非常坚固，不怕风吹雨打，可这需要付出许多努力啊！老三每天起早贪黑，一趟趟地搬回一块一块的石头，堆在一旁，再一块一块地砌成一面面墙。哥哥们在一旁取笑道："只有傻瓜才会这么做！"小弟毫不理会，仍夜以继日地工作。哥哥们休息了，他还在不停地干。这样整整过了三个月，老三的新房子也盖好了！他好高兴啊！

有一天，来了一只大野狼。老大惊慌地躲进了他的稻草屋。野狼"嘿嘿"地冷笑了

胎宝宝的手指已经出现，虽然现在看起来像鸭子的脚蹼，但是发育完全后，就会变得强而有力。等长大以后就可以去做自己想做的事情，像猪小弟那样用自己的双手和智慧来建造自己的砖房，营救哥哥们的性命，赶走大灰狼。

两声，狠狠吹了口气就把稻草屋吹倒了。老大只好撒腿就跑。老大径直跑到二弟家，边跑边喊："二弟！快开门！救命啊！"二弟打开门一看，一只大野狼追了过来，赶紧让大哥进了屋，关好门。

大野狼追到门前停了下来，心想："你们以为木头房子就能难得住我吗？"他一下一下地向大门撞去。"哗啦"一声，木头房子被撞倒了。兄弟俩又拼命逃到老三家，气喘吁吁地告诉老三所发生的一切。老三先关紧了门窗，然后胸有成竹地说："别怕！没问题了！"

大野狼站在大门前，他知道房子里有三只小猪，可不知怎么才能进去。他只能重施旧伎，对着房门呼呼吹气，结果无济于事。野狼有点儿急了，他又用力去撞。"当"的一声，野狼只觉得两眼直冒金星，再看房子，纹丝不动。野狼真的急了，转身去找了一把锤子。野狼憋足劲，挥起大铁锤敲了下去，没想到锤子把儿断了，锤子反弹回来，正砸在野狼的头上。"疼死我了！"野狼大叫。他真的无计可施了。

野狼气急败坏地绕着房子转了一圈，最后爬上房顶，他想从烟囱溜进去。老三从窗口发现后，马上点起了火。野狼掉进火炉里，被熏得够呛，整条尾巴都烧焦了。他嗥叫着夹着尾巴逃走了，再也不敢来找三只小猪的麻烦了。

第63~64天 风娃娃的故事

胎宝宝：保护眼球的眼睑形成

孕妈妈：多吃含胡萝卜素的食物

胎宝宝的眼睑已经形成。妈妈猜想你以后一定会有一双明亮的眼睛。因此希望你能用你的眼睛去观察周围真正需要帮助的人，在关键时刻给予别人恰当的帮助。

风娃娃长大了，风妈妈说："到田野上去吧，到那里，你可以帮助人们做许多好事。"

风娃娃来到田野上，看见一个大风车正在慢慢转动，风车下边，一股潺潺细水断断续续地流着。风娃娃深深吸了一口气，鼓起腮，使劲向风车吹去。哈哈，风车转快了！风车下的水流立刻变大了，奔跑着，跳跃着，向田里流去。秧苗儿直起了腰，点着头笑，风娃娃高兴极了。

河边，许多船工正拉着一艘船前进。船工们弯着腰，流着汗，喊着号子，可是，船却走得慢极了。风娃娃看见了，急忙赶过去，用更大的力气对着船帆吹起来。船在水面上飞快地跑起来，船工们笑了，一个个都回过头来，向风娃娃表示感谢。

风娃娃想：帮助人们做好事，真容易，有力气就行。他这么想着，不觉来到一个村子里。那里，几个孩子正在放风筝。风娃娃看见了，赶紧过去帮着吹。他像吹风车那样用力，像吹船帆那样使劲。结果，风筝线吹断了，几只风筝都让他扯得粉碎，飞得无影无踪了。

就这样，风娃娃吹跑了人们晾的衣服，折断了路边新栽的小树……村子里，一片责备声，都说风娃娃太可恶！

风娃娃不敢再去帮助人们做事了，他在天上转着、想着，想来想去，终于明白了：做好事，不但要有好的愿望，还得有好的方法。

训练听觉
打开窗，聆听风的声音

第65~66天 三个和尚没水喝

胎宝宝：大脑开始“牵引”胳膊和肌肉

准爸爸：接孕妈妈下班

胎宝宝的大脑、胳膊和肌肉之间的配合已经“相当默契”，在大脑的“命令”下，胳膊和肌肉自如地活动着。就像三个和尚那样，同心协力，才有水喝。

山上有座小庙，庙里有个小和尚。他每天挑水，念经，敲木鱼，给观音菩萨案桌上的净水瓶添水，夜里不让老鼠来偷东西，生活过得安稳自在。

不久，来了个高和尚。他一到庙里，就把半缸水喝光了。小和尚叫他去挑水，高和尚心想一个人去挑水太吃亏了，便要小和尚和他一起去抬水，两个人只能抬一只水桶，而且水桶必须放在扁担的中央，两人才心安理得。这样总算还有水喝。

后来，又来了个胖和尚。他也想喝水，但缸里没水。小和尚和高和尚叫胖和尚自己去挑，他挑来一担水，立刻独自喝光了。从此谁也不挑水，三个和尚就都没水喝。大家各念各的经，各敲各的木鱼，观音菩萨面前的净水瓶没人添水，花草也枯萎了。

夜里老鼠出来偷东西，谁也不管。结果老鼠猖獗，打翻烛台，燃起大火。三个和尚这才一起奋力救火，大火扑灭了，他们也觉醒了。

从此三个和尚齐心协力，水自然就有得喝了。

宝宝以后不要犯懒呀，与同伴齐心协力才能有所收获。

第67~70天 凿壁偷光

胎宝宝：不规则的头部开始变圆

准爸爸：帮孕妈妈分担家务

胎宝宝的头部变圆，占身长的一半。脸看起来又扁又平，双眼分得很开。此时的胎宝宝是不是也在借着妈妈腹外的光亮“挑灯夜读”呢？

西汉的时候有个农民的孩子，叫匡衡。他小时候很想读书，可是因为家里穷，没钱上学。后来，他跟一个亲戚学识字，才有了看书的能力。

但匡衡买不起书，只好借书来读。那个时候，书是非常贵重的，有书的人不肯轻易借给别人。匡衡就在农忙的时节，给有钱的人家打短工，不要工钱，只求人家借书给他看。

过了几年，匡衡长大了，成了家里的主要劳动力。他一天到晚在地里干活，只有中午歇晌的时候，才有工夫看一点书，所以一卷书常常要十天半月才能够读完。匡衡很着急，心里想：白天种庄稼，没有时间看书，我可以多利用一些晚上的时间来看书。可是匡衡家里很穷，买不起点灯的油，怎么办呢？有一天晚上，匡衡躺在床上背白天读过的书。背着背着，突然看到东边的墙壁上透过来一线亮光。他霍地站起来，走到墙壁边一看，原来从壁缝里透过来的是邻居家的灯光。于是，匡衡想了一个办法：他拿了一把小刀，把墙缝挖大了一些。这样，透过来的光亮也大了，他就凑着透进来的灯光，读起书来。

匡衡就是这样刻苦地学习，后来成了一个很有学问的人。

第71~72天 机智的小牧童

胎宝宝：皮肤慢慢增厚

孕妈妈：蔬果洗净后再吃

胎宝宝的躯干及姿势变得更直。宝宝你是不是已经按捺不住，想要像小牧童一样用你的聪明机智和爸爸妈妈一起去探索无穷的世界呢？

从前有个小牧童，由于别人问什么他都能给出聪明的回答，因而名声远扬。国王听说了，不相信他有那么厉害，便把牧童召进宫里。

国王对他说："如果你能回答出我提的三个问题，我就认你做我的干儿子，让你住在皇宫里。"牧童问："是什么问题呢？"

国王说："第一个问题：大海里有多少滴水？"小牧童回答："我尊敬的陛下，请你下令把世界所有河流都堵起来，不让一滴水流进大海，等我数完后才放水，到那时我将告诉你有多少滴水。"

国王又问："第二个问题：天上有多少颗星星？"牧童回答："给我一张大白纸。"于是他用笔在上面戳了很多细点，细得几乎看不出来，更无法数清。任何人要是盯着看，都会眼花缭乱。随后，牧童说："天上的星星跟我纸上的点一样多，请数数吧。"但无人能数得清。

国王只好又问："第三个问题：永恒有多少秒？"牧童说："在后波美拉亚有座钻石山，这座山有两英里高，两英里宽。每隔一百年有一只鸟飞来，用它的嘴啄山，当整个山被啄掉时，永恒的第一秒就结束了。"

国王说："你像智者一样解答了我的三个问题，从今以后，你可以住在皇宫里了，我会像对待亲生儿子一样待你的。"

第73~76天 小兔子乖乖

胎宝宝：体格越来越“强壮”

孕妈妈：做做颈肩运动

兔妈妈有三个孩子，一个叫红眼睛，一个叫长耳朵，一个叫短尾巴。

一天，兔妈妈对孩子们说：“妈妈到地里去拔萝卜，你们好好看着家，把门关好，谁来叫门都别开，等妈妈回来了再开。”小兔子们记住妈妈的话，把门关得牢牢的。过了一会儿，大灰狼来了，他想闯进小兔子的家，可是小兔子们把门关得紧紧的，进不去啊！大灰狼坐在小兔子家门口，眯着眼睛，在想坏主意，突然他看见兔妈妈回来了，连忙跑到一棵大树后面躲起来。

兔妈妈走到家门口，推了推门，门关得紧紧的，就一边敲门，一边唱：

“小兔子乖乖，把门儿开开！快点儿开开，我要进来。”

小兔子们一听是妈妈的声音，一起叫起来：“妈妈回来啦！妈妈回来啦！”他们给妈妈开了门。那只大灰狼躲在大树后面，偷偷地把兔妈妈唱的歌记住了。他得意地想，这回我有办法了。

第二天，兔妈妈到树林里去采蘑菇，小兔子们把门关好，等着妈妈回来。过了一会儿，大灰狼又来了。他一边敲门，一边捏着鼻子唱：

“小兔子乖乖，把门儿开开！快点儿开开，我要进来。”

胎宝宝的骨骼和肌肉迅速生长发育，越来越“强壮”。长大后你一定可以用你坚强的臂膀保护爸爸妈妈。但是当爸爸和妈妈不在家时，你要警惕陌生人，千万不要轻易相信陌生人的话，也不要随便给陌生人开门。从现在起，爸爸妈妈会每天和你聊天，好让你记住爸爸妈妈的声音，就像小兔子那样，用只有你自己和妈妈听懂的语言来交流。

红眼睛一听，以为妈妈回来了，高兴地叫着：“妈妈回来啦，妈妈回来啦！”短尾巴也以为妈妈回来了，一边跑一边说：“快给妈妈开门，快给妈妈开门！”长耳朵拉住红眼睛和短尾巴说：“不对，不对！这不是妈妈的声音。”红眼睛和短尾巴往门缝里一看：“不对，不对！这不是妈妈，是大灰狼。”

小兔子们一起说：“不开，不开，我不开，妈妈没回来，谁来也不开。”大灰狼急了，说：“我是你们的妈妈，我是你们的妈妈！”“我们不信，我们不信！要不，你把尾巴伸进来让我们瞧一瞧。”“好吧，我就把尾巴伸进去，让你们瞧一瞧。”

小兔子们把门打开一点儿，大灰狼就把自己的尾巴伸了进去。嘿，一条毛茸茸的大尾巴。一，二，三，嘭——小兔子们一起使劲，把门关得紧紧的，大灰狼的尾巴给夹住了。大灰狼疼得哇哇叫：“哎哟，哎哟，太疼了。求求你们，放了我吧！”

这时候，兔妈妈回来了，她放下篮子，捡起一根木棍，要教训一下大灰狼。大灰狼受不了啦，使劲一挣，把尾巴挣断了。他拖着半截尾巴逃到山里去了。兔妈妈这才松了一口气，扔下木棍，拎起篮子回家了。

第77~78天 小黄莺唱歌

胎宝宝：声带正在形成

孕妈妈：不吃腌制食品

胎宝宝的声带正在形成、发育。宝宝，你会像小黄莺一样为爸爸妈妈“高歌”一曲吗？其实无论你唱得好听与否，你都要勇敢地去做，不要害怕，你要相信自己，自信也会为成功加分。

在一座小山上的树林里住着一只小黄莺。小黄莺唱起歌来可好听了，声音像吹笛子一样：“咕咕哩，咕咕哩，咕哩，咕哩。”可是她唱歌的时候，一会儿跳到这棵树上，一会儿跳到那棵树上，老低着头，怕人家听见她唱歌的声音。

春天来了，树林里开联欢会，大家都说小黄莺歌唱得好听极了，就让小松鼠去请小黄莺来参加。小松鼠捧了一把鲜花，来到小黄莺的家，对小黄莺说：“小黄莺，小黄莺，树林里要开联欢会了，请你去唱歌！”小黄莺说：“那多难为情！大家听我唱歌，我怕，我不去。”妈妈对小黄莺说：“别怕，别怕，要勇敢些，孩子。大家爱听你唱歌，你就该唱给大家听啊。去吧，去吧！”小黄莺听了妈妈的话，就跟小松鼠走了。

联欢会最后一个节目，就是小黄莺唱歌。小黄莺跳到台上表演节目，看见那么多小伙伴看着她，害羞极了，一慌，声音也发抖了，她低着头，“羽，衣，衣——”才唱了一句，就再也不敢唱下去了，红着脸逃下了台。小黄莺难过极了，急急忙忙往家里飞。她回到家里，哭着对妈妈说：“我以后再也不唱歌了。”妈妈说：“人家笑话你，是因为你没把歌唱完，不要紧，以后你多唱给小伙伴听，胆子就会慢慢地大起来的。”小黄莺听了妈妈的话，天天练习唱歌。唱啊，唱啊，越唱越好听啦！所有小动物都称赞她：“小黄莺胆子大起来了，歌唱得更好听了，小黄莺进步真快啊！”夏天到了，树林里又要举行一次联欢会，小黄莺也去参加。联欢会开始了，小黄莺第一个上台表演。这次，她心里一点也不慌，唱得自然又好听，赢得了大家的阵阵掌声。

训练听觉

到大自然中听听鸟叫的声音

第79~82天 曹冲称象

胎宝宝：大脑基本发育成形

孕妈妈：去医院办准生证

曹冲小小的年纪却有大智慧。宝宝，如今你的大脑发育基本成形，妈妈希望你长大后能善于思考，勇于将思考的事情付诸实践，做个充满智慧的小智者。

孙权送给曹操一头大象，曹操非常高兴，大象运到许昌那天，曹操带领文武百官和小儿子曹冲，一同去看。曹操的手下都没有见过大象，这大象又高又大，人走近去比一比，还够不到它的肚子。

曹操对大家说："这头大象真是大，可是它到底有多重呢？你们哪个有办法称它一称？"嘿！这么大个家伙，可怎么称呢！大臣们纷纷议论开了。一个大臣说："只有造一杆顶大顶大的秤来称。"而另一个大臣说："这要造多大一杆秤呀！再说，大象是活的，也没办法称呀！我看只有把它切成块儿称。"

大臣们想了许多办法，一个个都行不通，可真叫人为难呀。这时，从人群里走出一个小孩，对曹操说："我有个办法，可以称大象。"曹操一看，正是他最心爱的儿子曹冲，就笑着说："你小小年纪，有什么法子？你倒说说，看有没有道理。"曹冲把办法说了。曹操一听连连叫好，吩咐手下立刻准备称象，然后对大臣们说："走！咱们到河边看称象去！"

众大臣跟随曹操来到河边。河里停着一艘大船，曹冲叫人把象牵到船上，等船身稳定了，在船舷上齐水面的地方，刻了一道做标记。再叫人把大象牵到岸上来，把大大小小的石头，一块一块地往船上装，船身就一点儿一点儿往下沉。等船身沉到刚才刻的那条标记和水面一样齐了，曹冲就叫人停止装石头。大臣们睁大了眼睛，起先还摸不清是怎么回事，看到这里就不由得连声称赞："好办法！好办法！"现在谁都明白，只要把船里的石头都称一下，就知道大象有多重了。

曹操自然最高兴了，他眯起眼睛看着儿子，又得意扬扬地望望大臣们，好像心里在说："你们还不如我的小儿子聪明呢！"

第83~84天 拇指姑娘

胎宝宝：个头像拇指姑娘

孕妈妈：该去医院建档啦

从前有一个女人，她非常希望有一个丁点儿小的孩子。但是她不知道从什么地方可以得到。因此她就去请教一位巫婆。她对巫婆说："我非常想要一个小小的孩子！你能告诉我从什么地方可以得到一个吗？""嗨！这容易得很！"巫婆说，"你把这颗大麦粒拿去吧。它可不是乡下田里长的那种大麦粒，也不是鸡吃的那种大麦粒。你把它埋在一个花盆里。不久你就可以看到你想要的东西了。""谢谢您！"女人说。她给了巫婆三个银币。

回到家后，她种下那颗大麦粒。不久以后，一朵美丽的大红花就长出来了。它看起来很像一朵郁金香，不过它的叶子紧紧地包在一起，好像仍旧是一个花苞似的。"这是一朵很美的花。"女人说着话的同时在那美丽的、黄而带红的花瓣上吻了一下。不过，当她正在吻花瓣的时候，花儿忽然"噼啪"一声开放了。现在可以看出，这是一朵真正的郁金香。但是在这朵花的正中央，在那根绿色的雌蕊上面，坐着一位娇小的姑娘，她看起来又白嫩又可爱。她还没有大拇指的一半长，因此人们就叫她拇指姑娘。

拇指姑娘的摇篮是一个漂亮的胡桃壳，她的垫子是紫罗兰的花瓣，她的被子是玫瑰的花瓣。这就是她晚上睡觉的地方。但是白天她在桌子上玩耍——在这张桌子上，女人放了一个盘子，里面又放了一圈花儿，花的枝干浸在水里。水上浮着一些很大的郁金香花瓣。拇指姑娘可以坐在这花瓣上，用两根白马尾作桨，从盘子这一边划到那一边。这样真是赏心悦目！她还能唱歌，而且歌声轻柔甜美，人们从没听到过这么美妙的歌声。所以人人都喜欢美丽、快乐的拇指姑娘。

可是有一天，一只癞蛤蟆把她抱走了，想让她给自己当妻子。水里的鱼儿很同情小小的拇指姑娘，便把荷

宝宝，现在的你个头小得像拇指姑娘一样，所以妈妈就来给你讲讲拇指姑娘的故事。故事中的拇指姑娘为了追求自己理想的幸福生活，不畏困难，去远方追寻，最终得到了想要的生活。宝宝，只要有追求幸福和梦想的心，幸福的生活就在不远处等你。

叶的一根茎咬断。拇指姑娘顺着荷叶漂到了外国，被金龟子抛弃在一片森林里。夏天和秋天过去了，又寒冷又漫长的冬天来临了，拇指姑娘来到了田鼠家生活。

过了几天，田鼠说："我们这儿最富有的先生——鼹鼠就要来了，如果你和他结婚，就有享不尽的荣华富贵。"第二天，鼹鼠穿着黑天鹅的绒毛大衣来了，因为他是一个瞎子，看不清拇指姑娘的容貌，田鼠便请拇指姑娘唱了一首歌曲，鼹鼠很快就爱上了她。不过，鼹鼠并没有表现出来，因为他很谨慎。过了几天，鼹鼠正式提亲了。

秋天来到了，鼹鼠让拇指姑娘缝嫁衣。其实，拇指姑娘并不喜欢鼹鼠，因为他并不喜欢阳光和鲜花，而且反感它们。拇指姑娘曾经在地道救过一只燕子，现在，燕子要飞去另外一个国家，他便问拇指姑娘："你愿意和我一起到另外一个国家去吗？"拇指姑娘爽快地答应了。

燕子背着拇指姑娘飞呀飞呀，飞到了那个国度，把拇指姑娘放到了一朵最美丽的花上，上面有一个和拇指姑娘一样大的美男子，他就是所有花朵的王，他们俩结婚了，拇指姑娘便成了这里的王后。

孕4月

又经过一个月，胎宝宝又长大了。现在，小家伙在腹中可“调皮”了，一会儿眯起眼睛，一会儿皱皱眉头，还会趁爸爸妈妈不注意，偷偷做鬼脸，用表情“诉说”着他的喜、怒、哀、乐。

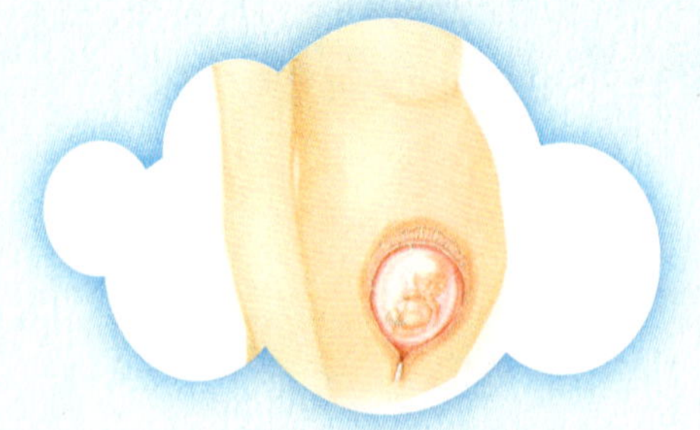

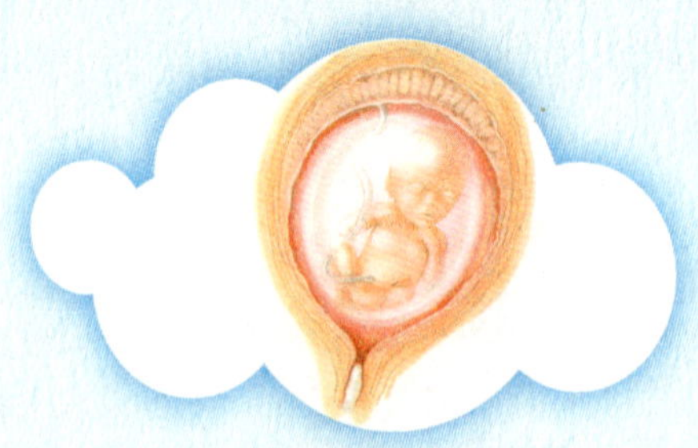

孕妈妈的变化

妊娠反应基本消失，但是白带多、尿频依然存在。值得欣慰的是，胎盘已形成，流产的可能性大大减少。

乳房：乳房胀大，乳晕的颜色变深了，而且乳晕的直径有所增大。

子宫：子宫壁厚厚的肌肉已延伸，子宫已开始和身体其他内部器官争夺“地盘”。子宫大小如成人的拳头。

腹部：下腹部稍微隆起，腹围约增加2厘米。

胎宝宝的变化

胎宝宝现在已经能动手动脚，弯曲、伸展手和脚的各个关节了。头发也开始生长了，并且，胎宝宝已经开始吸气和呼气的练习，这是在为以后子宫外的生活打基础。

第85~86天 龟兔赛跑

胎宝宝：是王子？还是公主？

准爸爸：接送孕妈妈上下班

现在，通过B超可以清晰地辨别出胎宝宝是男孩还是女孩了。不管是王子还是公主，爸爸都希望你能有故事中乌龟的坚定信念，明知自己的胜算不大，也能非常努力地爬到终点。

兔子长了四条腿，一蹦一跳，跑得可快啦。乌龟也长了四条腿，爬呀，爬呀，爬得真慢。

有一天，兔子碰见乌龟，笑眯眯地说："乌龟，乌龟，咱们来赛跑，好吗？"乌龟知道兔子在开他玩笑，瞪着一双小眼睛，不理也不睬。兔子知道乌龟不敢跟他赛跑，乐得摆着耳朵直蹦跳，还编了一支儿歌笑话他：

"乌龟，乌龟，爬爬，一早出门采花；乌龟，乌龟，走走，傍晚还在门口。"

乌龟生气了，说："兔子，兔子，你别太神气，咱们就来赛跑！"

兔子一听，差点笑破了肚皮："乌龟，你真敢跟我赛跑？那好，咱们从这儿跑起，看谁先跑到那边山脚下的大树跟前。预备！一，二，三——"兔子撒开腿就跑，跑得真快，一会儿就跑得很远了。他回头一看，乌龟才爬了一小段路呢，心想：乌龟敢跟我赛跑，真是天大的笑话！我呀，在这儿睡上一大觉，让他爬到这儿，不，让他爬到前面去吧，我三蹦两跳就追上他了。"啦啦啦，啦啦啦，胜利准是我的了！"兔子把身子往地上一歪，合上眼皮，真的睡着了。

再说乌龟，爬得也真慢，可是他一个劲儿地爬，爬呀，爬呀，爬，等他爬到兔子身边，已经累坏了。兔子还在睡觉，乌龟也想休息一会儿，可他知道兔子跑得比他快，只有坚持爬下去才有可能赢。于是，他不停地往前爬、爬、爬。离大树越来越近了，只差几十步了，十几步了……终于爬到了！兔子呢？他还在睡觉呢！兔子睡醒了，往后一看，唉，乌龟怎么不见了？再往前一看，哎呀，不得了了！乌龟已经爬到大树底下了。兔子一看可急了，急忙赶上去，可已经晚了。乌龟胜利了。兔子跑得快，乌龟跑得慢，为什么这次比赛乌龟反而赢了呢？

训练触觉

轻抚兔子柔软的毛

第87~88天 海的女儿

胎宝宝：心跳更加强烈

准爸爸：帮孕妈妈做家务

胎宝宝的心脏在跳动。每当感受到你的心跳，爸爸妈妈知道那是你对我们的爱。而爱是这个世界上最美的、最无私的，就像爸爸妈妈的爱。

在海底深处有一座城堡，那里住着几位美人鱼公主，其中最小的公主小美人鱼长得最为美丽，而且拥有世界上最动听的声音。

她常常听姐姐们说许多海面上的新鲜事，但她因为未成年不能上水面，所以经常想着到海面上看看。

终于在她十五岁生日的时候，她悄悄地游到了海面，遇到一位王子，王子由船上掉落海中，漂流到海面上。

她救了那位王子。但因此时有人接近，她没办法，只得走了。而王子醒来时见到一位少女，便以为是这位少女救了他。

小美人鱼无法把王子忘记，于是去求助女巫来帮助她达成心愿。女巫答应了她，但是必须拿她的声音作为交换，而且她走路的时候，那由尾巴变成的双脚会像刀割一般地疼痛，最可怕的是，如果王子和别人结婚的话，她便会化成海中的泡沫。这些并没有让小美人鱼动摇，她毅然喝下了女巫的药水，尾巴变成了修长的美腿，可她从此失去了说话的能力。

小美人鱼上岸见到了王子，但王子却不认得她，即使非常喜欢她美丽的容貌与婀娜的身姿，但从未想过要娶她，而是与一位美丽的贵族公主结婚，那个公主便是王子以为曾经救自己的人。小美人鱼只得回到海底，她的心很痛，最后恋恋不舍地回望了王子一眼，逐渐化作泡沫，向云彩深处飞去。

第89~90天 凤凰的传说

胎宝宝：制造免疫力的脾脏成形

孕妈妈：滋补食品要适量

胎宝宝的脾脏已经发育成形。宝宝，你生长发育的过程像不断自我完善的过程，最终你也会像凤凰一样光彩夺目的。

相传很久很久以前，凤凰只是一只很不起眼的小鸟，羽毛也很平常，丝毫不像传说中的那般光彩夺目。但她有一个优点：她很勤劳，不像别的鸟那样吃饱了就知道玩，而是从早到晚忙个不停，将别的鸟扔掉的果实都一颗一颗捡起来，收藏在洞里。

有些鸟说："树上有那么多果实呢，捡这些有什么用啊？"凤凰说："可别小看了这些食物，到了一定的时候，用处可大了！"鸟儿们不明白凤凰说的话，每天还只是玩耍，凤凰也还是一天到晚地捡果实。

果然，有一年，森林大旱。鸟儿们觅不到食物，都饿得头昏眼花，快支撑不下去了。这时，凤凰急忙打开山洞，把自己多年积存下来的坚果和草籽拿出来分给大家，和大家共渡难关。

旱灾过后，为了感谢凤凰的救命之恩，鸟儿们都从自己身上选了一根最漂亮的羽毛拔下来，制成了一件光彩耀眼的百鸟衣献给凤凰，并一致推举她为鸟王。以后，每逢凤凰生日之时，四面八方的鸟儿都会飞来向凤凰表示祝贺，这就是"百鸟朝凤"。

第 91~94 天 皇帝的新装（节选）

准爸爸：陪孕妈妈买衣服

有一天，城里来了两个骗子，自称能织出人间最美丽的布。这种布色彩和图案十分美观，缝出来的衣服还有一种奇怪的特性：任何不称职的或者愚蠢得不可救药的人，都看不见。

“那真是理想的衣服！”皇帝心里想，“我穿了这样的衣服，就可以看出在我的王国里哪些人不称职；我就可以辨别出哪些是聪明人，哪些是傻子。是的，我要叫他们马上为我织出这样的布来。”于是他付了好多钱给这两个骗子，好让他们马上开始工作。

骗子们摆出两架织布机，装作是在工作的样子，可是他们的织布机上连一点布匹的影子也没有。“我要派我诚实的大臣到织工那儿去。”皇帝想，“他最能看出这布料是什么样子，因为他很有智慧，就称职这点说，谁也不及他。”

这位善良的大臣来到那两个骗子的屋子里，看见他们正在空织布机上忙碌地工作。他把眼睛睁得特别大，“我什么东西也没有看见！”但是他没敢把这句话说出口来。那两个骗子请他走近一点，同时指着那两架空织布机问他花纹是不是很美丽，色彩是不是很漂亮。可怜的大臣眼睛越睁越大，仍然看不见什么东西，因为的确没有什么东西可看。

“我的老天爷！”他想，“难道我是愚蠢的吗？难道我是不称职的吗？不成！我决不能让人知道我看不见布料。”“哎呀，美极了！真是美极了！”大臣一边说，一边从他的眼镜里仔细地看，“我要禀报皇上，我对这布料非常满意。”

皇帝很想亲自去看一次。他带着一群大臣来到那两个狡猾的骗子那里。这两个家伙正在以全副精力织布，但是一根丝的影子也看不见。“这是怎么一回事呢？”皇帝心里想，“我什么也没有看见！难道我是一个愚蠢的人吗？难道我不够资格当皇帝吗？这可是最可怕的事情。”

胎宝宝在子宫里练习着呼吸，羊水被吸进肺里又被呼出。手逐渐功能化，开始活动大拇指和其他手指了。宝宝，以后每天早上妈妈穿衣服时，你要给妈妈“提意见”啊，觉得好看就竖起你的大拇指。

“哎呀，真是美极了！”皇帝说，“我十分满意！”“一点也不错。”所有的官员都说。可是他们什么也看不见，因为什么东西也没有。

“现在请皇上脱下衣服，”两个骗子说，皇帝把他所有的衣服都脱下来了。两个骗子装作一件一件地把他们刚才缝好的新衣服替他穿上。皇帝在镜子面前转了转身子，扭了扭腰。“这衣服多么合身啊！裁得多么好看啊！”大家都说，“多么美的花纹！多么美的色彩！这真是贵重的衣服。”“大家都在外面等待，准备好了华盖，以便举在陛下头顶上去参加游行大典。”典礼官说。

这样，皇帝就在那个富丽的华盖下开始游行了。站在街上和窗子里的人都说：“乖乖！皇帝的新装真是漂亮！他上衣下面的后裙是多么美丽！这件衣服真合他的身材！”谁也不愿意让人知道自己什么也看不见，因为这样就会显出自己不称职，或是太愚蠢。

“可他什么衣服也没穿呀！”一个小孩子叫了出来。于是大家把这孩子讲的话私下里低声地传播开来。“他并没有穿什么衣服！有一个小孩子说他并没有穿什么衣服呀！”

“他实在没穿什么衣服呀！”最后所有的百姓都说。皇帝有点儿发抖，因为他觉得百姓们所讲的话似乎是真的。不过他心里却这样想：“我必须把这游行大典举行完毕。”因此他摆出一副更骄傲的神气。他的大臣们跟在他后面走，手中托着一条并不存在的后裙。

第95~96天 金丝雀王子

胎宝宝：肝脏分泌苦苦的胆汁

孕妈妈：选择孕妇专用内衣

胎宝宝的肝脏开始分泌胆汁，胰腺也开始产生胰岛素。你现在发育得越来越快，就像故事里的金丝雀王子一样神奇。爸爸妈妈期待你和我们见面的那一天早点到来。

一位公主长得非常美丽，可是她的母亲在她很小的时候就去世了。国王新娶的王后总是说公主的坏话。国王不得不顺从新王后之意，把公主关进了森林中的一座城堡里。公主整天站在窗前，伤心地度过一天又一天。

有一天，她看见一位王子从城堡下面经过。王子一抬头也发现了这位美丽的公主，就冲着她微微一笑。王子和公主含情脉脉地对视了一个小时。

这时，一个女巫从一棵树后探出身来，大声笑道："哈哈，哈哈！""你是谁？为什么笑我们？"王子问道。"我从没见过像你们两个这样，隔得这么远又这么痴情的恋人。"女巫说。"你知道我怎么才能上去见她吗？老婆婆。"王子问。女巫说："看你挺可爱的，我就帮你一把。"说完，女巫就去敲城堡的门。她递给侍女一本很旧的书，说是送给公主的一份礼物，好让她打发时间。侍女把书送给了公主，公主急忙打开来一看，上面写着："这是一本魔法书。如果你从前往后翻，你的心上人就会变成一只鸟；如果你从后往前翻，你的心上人就会由鸟变成人。"

公主立即跑到窗前，把书放在窗台上，迫不及待地翻起来，同时紧盯着站在城堡下面的王子。只见王子的双臂动了起来，最后他竟变成了一只金丝雀。金丝雀从地上飞起来，飞得比树梢还高，然后直奔窗口飞来，停在窗台的垫子上。

她拿起那本书，向前快速地翻着，只见金丝雀竖起黄色的羽毛，拍动着翅膀，又重新变回到王子的模样。两个人互相倾诉着爱慕之情，不知不觉中夜幕已经降临。公主又把王子变成金丝雀，送他离开了。

有了这本魔法书后，两个年轻人每天都见面，他们从没感受过如此的幸福。王子决定向公主求婚，于是，他带着礼物来到公主的父王面前。国王知道事情的真相后，答应了他们的婚事。婚礼在喜庆的气氛中举行，所有的人都感到欢乐、满足，只有可恶的新王后独自生气。

第97~100天 狡兔三窟

胎宝宝：咀嚼肌使脸颊丰满

孕妈妈：定期按摩乳房

胎宝宝的身体更加灵活。如今你时不时地在妈妈腹中“上蹿下跳”，莫非你就像小兔子一样，也找了三个藏身处，来保护自己吗？

春秋战国时期，齐国的相国孟尝君派冯谖(xuān)到薛地去收账。临走前，冯谖问孟尝君：“您需要我回来时买点什么？”孟尝君随口答道：“你看我缺少什么就买什么。”

冯谖来到薛地后，当着百姓们的面，烧掉所有的账单，说：“孟尝君知道你们生活困难，让我把债务全部免除了。”百姓们听后，十分感激孟尝君。

冯谖回去后，把事情的经过告诉了孟尝君，还说为他买了“仁义”。孟尝君很生气，却又不知道说什么好。

后来，孟尝君被国君解除了相国职位，搬到薛地居住。薛地的百姓们听到消息，全都出城迎接他。孟尝君这时才看到冯谖为他买的“仁义”。他问冯谖：“你为什么会看得这么长远呢？”

冯谖说：“狡猾的兔子要有三个藏身的洞，才能保护自己。您现在住在薛地，就好像兔子只有一个洞，是很危险的！万一国君对您不满意要害您，您连躲的地方都没有！所以，让我再为您找两个洞吧！”

于是，冯谖到梁国劝说梁惠王。梁惠王知道了孟尝君的才能，派人请孟尝君去梁国做官，但是请了三次都被拒绝了。齐国国君听说后，连忙请孟尝君回齐国当相国。同时，冯谖又让孟尝君在薛地建立宗庙，以保证薛地的安全。宗庙建好后，冯谖就对孟尝君说：“现在属于您的三个安身之地都建造好了，从此以后您就可以不用担心了。”

第101~104天 花木兰替父从军

胎宝宝：躯体茁壮成长

准爸爸：协助孕妈妈做运动

胎宝宝的躯体加快发育，正在茁壮成长。爸爸希望你健康、强壮，像花木兰一样做一个有情义、有担当、爱国爱家的好孩子。

花木兰是中国南北朝时期一个传说色彩极浓的巾帼英雄，她是北魏人。北方人喜欢练武，花木兰的父亲以前是一位军人，从小就把木兰当男孩来培养。木兰十来岁时，他就常带木兰到村外小河边练武、骑马、射箭、舞刀、使棒。空余时间，木兰还喜欢看父亲的旧兵书。

北魏迁都洛阳之后，经过孝文帝的改革，社会经济得到了发展，人民生活较为安定。但是，当时北方游牧民族柔然族不断南下骚扰，北魏政权规定每家出一名男子上前线。木兰的父亲年纪大了，没办法上战场，家里的弟弟年纪又小，所以，木兰决定替父从军，从此开始了她多年的军旅生活。去边关打仗，对于很多男人来说都是艰苦的事情，更不要说木兰又要隐瞒身份，又要与伙伴们一起杀敌。

花木兰完成了自己的使命，在数年后凯旋回家。皇帝因为她的功劳很大，认为她有能力在朝廷效力，任得一官半职。不过，花木兰拒绝了，她请求皇帝能让自己回家，去补偿和孝敬父母。

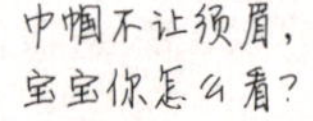

第105~108天 愚公移山

胎宝宝：头部可以灵活转动

准爸爸：给孕妈妈按摩

胎宝宝体重已经30克了，头部和嘴能自由活动了，是个灵活的小人儿。有时妈妈能感觉到你在腹中能“忙活”好一阵子呢，难不成也在“移山”？

有一位老人，名叫愚公。他家的门口有两座大山，一座叫太行山，一座叫王屋山，人们进进出出非常不方便。

一天，愚公召集全家人说：“这两座大山挡在咱们家的门口，大家出门要走许多冤枉路。咱们不如全家出力，移走这两座大山，大家看怎么样？”愚公的儿子、孙子们一听，都说：“您说得对，咱们明天开始动手吧！”第二天，愚公带着一家人开始搬山了。他的邻居有一个儿子，才七八岁，听说要搬山，也高高兴兴地来帮忙。但愚公一家搬山的工具只有锄头和背篓，而大山与大海之间相距遥远，一个人一天往返不了两趟。一个月干下来，大山看起来跟原来没有两样。

有一个老头叫智叟（sǒu），为人处世很精明。他看见愚公一家人搬山，觉得十分可笑。有一天，他对愚公说：“你这么大岁数了，走路都不方便，怎么可能搬掉两座大山？”

愚公回答说：“你名字叫智叟，可我觉得你还不如小孩聪明。我是老了，但是我还有儿子，儿子又生孙子，孙子又生儿子，子子孙孙，一直传下去，无穷无尽。山上的石头却是再也不会长出一粒泥、一块石头的。我们这样天天搬，月月搬，年年搬，为什么搬不走山呢？”自以为聪明的智叟听了，再也没话可说了。

愚公带领一家人，不论酷热的夏天，还是寒冷的冬天，每天起早贪黑挖山不止。他们的行为终于感动了上苍。上苍派遣两名神仙到人间去，把这两座大山搬走了。从此，愚公移山的故事一直流传至今。

训练视觉
眺望远处的高山

第109~112天 爱丽丝漫游仙境（节选）

胎宝宝：经常踢踢小腿

孕妈妈：预防妊娠纹

河岸边上坐着两个女孩子，那是爱丽丝和她的姐姐。姐姐在专注地看书，小爱丽丝却百无聊赖。渐渐地，她开始觉得不耐烦起来。她偶尔偷瞟一两眼姐姐看的书，从心里觉得奇怪。她想："一本既没有画儿，又没有对白的书能有什么意思呢？"

天气又闷又热，爱丽丝觉得头脑发昏，有点迷迷糊糊了，但她强打起精神认真想着是否应该站起身来去采些雏菊做个花环。就在这时，一只长着一对粉红色眼睛的白兔贴着她的身子跑了过去。

一只粉红色眼睛的兔子并不稀奇，就算听到兔子自言自语地说着"哦，天哪，要迟到了"时，爱丽丝也没有觉得有什么离奇，虽然事后她自己也认为的确应该对这事感到惊奇，但当时并没有引起她的好奇心。可是，当那只兔子从背心口袋里掏出一块表看了看，然后匆匆跑掉之后，爱丽丝一下子跳了起来，她的好奇心被大大激发出来了——从来也没有见过穿着有口袋背心的兔子，而且居然还从那口袋里掏出一块表来！她终于忍不住好奇，紧紧追了上去。

她跟着兔子跑过了一片田野，虽然兔子蹿得很快，她跑得也不慢，没多久就看见兔子蹿进了灌木丛下的一个大洞里。爱丽丝不假思索地也紧跟着跳了进去，她甚至根本没想到该怎么出来的问题。

兔子洞里刚开始的一段路像笔直的走廊一样，后来就突然拐弯向下了。由于弯拐得太急，再加上跑得飞快，爱丽丝来不及刹住脚，从一口深井里坠了下去。

也许是她下落的速度太慢，也许是那口井太深，爱丽丝一边往下掉着，一边还有足够的时间东张西

胎宝宝会踢腿了，还会活动脚趾头，过不了多久，就可以在妈妈的腹中“漫游”了。说到漫游，宝宝你想不想去漫游奇境？你心中的奇境是什么样子的呢？你快快长大，到时候一定要告诉妈妈。

望，脑子里也还来得及考虑下面会发生什么事。开始，她还紧张得使劲往下看，想知道自己会掉到什么地方，但底下黑洞洞的什么也看不见。后来，她索性去看四周的井壁，这才发现井壁上嵌满了桌椅、碗柜和书架之类的家具，还有挂在钉子上的地图和图画。她一抬手居然从架子上取下了一个罐头，那罐头上还写着“橘子酱”三个字，可惜里面是空的。因为怕砸着下面的人，爱丽丝没敢把空罐头扔下去，而是在继续往下掉的时候想办法把它放进了另一个碗橱里。

“这倒也不错，”爱丽丝心想，“摔了这么一大跤，以后再从楼梯上滚下来就不算回事啦！家里人肯定都会说我胆子变大了！哈，以后就算我从屋顶上掉下来也不会吭一声了！”这点估计不会错，因为无论谁从屋顶上摔下来，当时都会说不出话的。

她继续不停地往下掉啊掉，这一跌好像一辈子都跌不到底了。她忍不住大声地叫了起来：“老天，谁知道我已经掉了有多深了？估算一下看看，应该已经有大约四千里了，肯定有了。”爱丽丝在学校里曾经学到了一些类似估算的知识，所以，尽管现在没人听她说话，也不是显示才华的好时机，但练一练总是好的。“对了，应该就是这个距离。可是，经纬度是多少呢？”其实爱丽丝对什么是经度什么是纬度，一点也不明白，但她认为这是个挺时髦的字眼，说起来怪好听的，所以禁不住说了出来。

孕5月

这个月，小家伙开始在孕妈妈的腹中“腾云驾雾”了，时而伸懒腰，时而拳打脚踢，时而翻跟头，真是一刻也闲不住。同时，这个月也是胎宝宝感觉器官发育的重要时期，是胎教的最好时期。爸爸妈妈已经准备好了胎教故事，你想从哪一个听起呢？

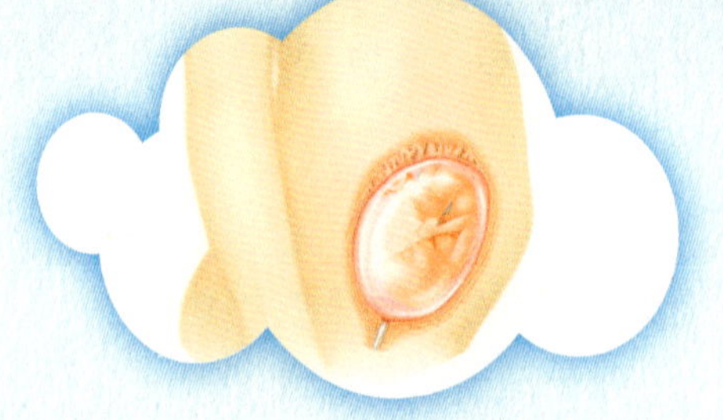

孕妈妈的变化

孕妈妈的外貌和体形更加具有孕妇特征。此时食欲旺盛，体重开始增加，但由于关节、韧带的松弛，孕妈妈隐隐感到腰酸背痛。

乳房：乳房逐渐变大，乳晕的颜色继续变深。乳房开始分泌黄色的初乳，为将来哺育宝宝做准备了。

子宫：子宫大小如成人头部，下腹部隆起明显。子宫底的高度与肚脐平齐。

腹部：腹部比上月隆起更加明显。

胎宝宝的变化

这是胎宝宝的感觉器官发育的重要时期，味觉、嗅觉、听觉、触觉、视觉等各个感觉的神经细胞已经入住脑部的指定位置。

第113~116天 田忌赛马

胎宝宝：大脑“灵活转动”

孕妈妈：不要再加班了

胎宝宝的大脑处于进一步发育时期。宝宝，你的小脑袋是不是也像孙膑那样灵活，会变换角度思考问题呢？

齐国的大将田忌，很喜欢赛马，有一回，他和齐威王约定，要进行一场比赛。他们商量好，把各自的马分成上、中、下三等。比赛的时候，上等马对上等马，中等马对中等马，下等马对下等马。由于齐威王每个等级的马都比田忌的马强得多，所以比赛了几次，田忌都失败了。

有一次，田忌又失败了，觉得很扫兴，比赛还没有结束，就垂头丧气地准备离开赛马场。这时，田忌看到了自己的好朋友孙膑。孙膑招呼田忌过去，拍着他的肩膀说：“我刚才看了赛马，齐威王的马比你的马快不了多少呀。”孙膑还没有说完，田忌瞪了他一眼：“想不到你也来挖苦我！”孙膑说：“我不是挖苦你，你再同他赛一次，我有办法准能让你赢了他。”田忌疑惑地看着孙膑：“你是说另换一匹马来？”孙膑摇摇头说：“一匹马也不需要更换。”田忌毫无信心地说：“那还不是照样得输！”孙膑胸有成竹道：“你就按照我的安排办事吧！”

齐威王屡战屡胜，正在得意扬扬地夸耀自己马匹的时候，看见田忌和孙膑迎面走来，便站起来讥讽地说：“怎么，莫非你还不服气？”田忌说：“当然不服气，咱们再赛一次！”齐威王轻蔑地说：“那就开始吧！”一声锣响，比赛开始了。孙膑先以下等马对齐威王的上等马，第一局田忌输了。齐威王站起来说：“想不到赫赫有名的孙膑先生，竟然想出这样拙劣的对策。”孙膑不去理他。接着进行第二场比赛。孙膑拿上等马对齐威王的中等马，获胜了一局。齐威王有点慌乱了。第三局比赛，孙膑拿中等马对齐威王的下等马，又战胜了一局。这下，齐威王目瞪口呆了。比赛的结果是三局两胜，田忌赢了齐威王。还是同样的马匹，由于调换了一下比赛的出场顺序，就取得了转败为胜的结果。

第117~118天 许衡义不摘梨

胎宝宝：全身器官准备投入“使用”

孕妈妈：抬高双脚减轻水肿

现在胎宝宝全身的器官已经基本发育完全，跃跃欲试，准备投入“使用”了。爸爸妈妈盼望你长大后能够严格自律，真诚坦率，内不欺己，外不欺人。

宋元之交，世道纷乱。有一个学者叫许衡，他是一位很有名的儒家大学者。在一个酷热的夏天，他和很多人一起逃难，经过河阳（今河南孟州市）时，因天气炎热，大家口渴难耐，难受极了。

这时候，路边正好有一棵梨树，上面结满了梨子，水灵灵的，看了使人垂涎欲滴。跟他一起逃难的人都争先恐后去摘梨子吃，只有许衡一人端坐在树下无动于衷，旁边的人觉得很奇怪：“你急急忙忙赶路，口渴成这个样子，这棵梨树又没有主人，你为什么不去摘一个吃呢？”许衡说：“不是自己的梨，岂能乱摘！”那人笑他迂腐：“世道这么乱，梨树哪有主人！”许衡正色道：“你难道不认为这个东西不是你的吗？这梨虽没主人，你心里难道也没有主人吗？不知道这个行为类似于偷吗？”这就是非常有名的义不摘梨的故事。

宝宝以后也要严格自律，不是自己的东西不能拿哦。

中国素有“礼仪之邦”的美誉，历史长河中曾经涌现出许多知书达理的人之典范。古往今来，“孔融让梨”的故事流芳百世，许衡“义不摘梨”的故事也已传诵数百年，成为人们效仿的一个道德标尺。有人赋诗赞曰：“许衡饥渴时，不食道旁梨。一梨食细微，不义宁勿为。”

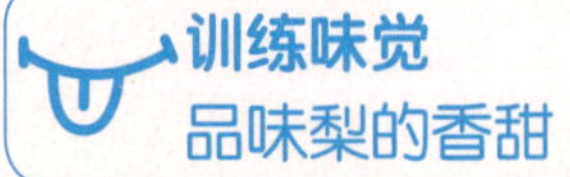
训练味觉
品味梨的香甜

第119~122天 飞翔的蒲公英

胎宝宝：吸吮自己的手指

孕妈妈：少食多餐

胎宝宝开始吸吮自己的手指，并会眨眼了。妈妈的腹中是不是一片黑暗？不过等到你出生以后就可以看见这个多彩的世界了。

秋天，一阵秋风吹来，原野上蒲公英的孩子们飞向四面八方，有的落在地上，有的漂在水面上，还有的在空中飞舞。哎！蒲公英的孩子们，难道你们不痛苦吗？蒲公英的孩子们，难道你们不想念自己的妈妈吗？忽然，又一阵秋风吹来，又有许多蒲公英的孩子从地上爬起来，他们随着秋风在空中飞呀飞的，好像迷失了方向。秋风问："你们是蒲公英的孩子吗？""是的！"蒲公英的孩子们回答。"我们准备去找妈妈。"蒲公英的孩子们补充说道。"你们的妈妈要我告诉你们，你们不用想念她，你们长大了，要你们自己去旅行。"秋风说。

这时，又一阵秋风吹来，秋风中隐隐约约地传来蒲公英妈妈的声音："在秋天里，妈妈让你们去旅行，是想让你们去经风雨、见世面。如果你们累了，可以躺在大地妈妈的身上休息。到了冬天，如果你们看到北风吹来的雪花，那就是妈妈给你们捎来的棉被，你们可以把它盖在身上。到了春天，你们会在大地妈妈的怀抱里生根、发芽、成长，然后再成长为一株新的蒲公英，完成妈妈的心愿。"

蒲公英的孩子们听了妈妈的话，似乎明白了一个道理。于是，在秋风的帮助下，他们又飞了起来，飞呀飞，飞向更远的地方。

训练触觉

伸手触碰秋风

第123~126天 天鹅湖

胎宝宝：头部出现柔软的绒毛

孕妈妈：选择“时髦”孕妇装

一位王子和侍从在打猎途中迷了路，来到一个湖边。侍从发现湖面上有五只美丽的天鹅，正要举箭射击，奇迹发生了，只见五只天鹅接连变成了五个美丽的少女，在月光下翩翩起舞。王子觉得非常诧异。便上前询问，其中最美丽的一位少女走出来说道：“我是邻国的公主奥德特，其余的人是我的侍女。因为我拒绝魔鬼洛德巴特的求婚，被他施了魔法。只有到了晚上，我们才能现出人形。”王子听了十分气愤，他决定搭救这些不幸的姑娘。

这时，魔鬼洛德巴特变成的猫头鹰突然出现，王子拔剑而上，几个回合之后，猫头鹰哇哇大叫，拖着受伤的翅膀惊慌地逃跑了。

奥德特公主告诉王子，必须有一位英勇的王子，敢于当众宣布与她结婚，才能解除她们身上的魔法。王子非常高兴：“明天晚上，我在城堡举行舞会。我会当众向你求婚！”但是，他们的对话却被藏在树丛里的洛德巴特听到了。

第二天夜晚，盛大的舞会在王子的城堡正式举行。奥德特公主出现了！王子牵起她的手，随着乐曲跳起舞来。大厅里所有的人都睁大眼睛惊叹道：“啊！多么美丽的公主呀！”一曲结束，全场响起了祝福声和掌声。王子当众宣布：“我将娶奥德特公主做我的妻子！”话音刚落，突然又出现了一个奥德特公主！只听她说：“王子殿下，她是冒牌的奥德特公主。洛德巴特为了阻止我们的婚姻，把他的女儿变成了我的样子。你向她求了婚，我就永远无法摆脱他的魔法了。”

接下来的两天里，胎宝宝的身上开始出现胎毛。此时你身上的胎毛就像天鹅的羽毛，柔软、细腻，保护着你娇嫩的肌肤。

“没错！我是洛德巴特的女儿欧蒂尔。王子向我求婚了，奥德特就得永远做一只白天鹅了！”王子惊呆了，转身去寻找奥德特公主。“再见了，王子殿下！”奥德特公主正欲拔剑自尽，王子赶到，将公主救下：“我一定能救你，我会打败洛德巴特的！”魔鬼变成的猫头鹰又来了，他呼啸着向王子扑来！王子举剑对准他，结束了他罪恶的生命。奥德特公主依然很伤心：“噢，不！王子殿下，洛德巴特死了，魔法永远无法解除了。”她朝天空祈祷：“上帝啊！请帮她们解除魔法，我愿把生命献给您。”说完就转身投入湖水中，王子紧跟着公主也跳了下去。

夜晚过去，东方发白，奇怪的是，少女们没有变回天鹅。太阳从湖面升起，伴随着晨光，湖面上出现两个人影。他们手牵手，从湖中心走来。“啊！是王子和公主！”原来是上帝拯救了他们的生命，让他们重返人间。王子带着心爱的公主回到城堡，幸福地生活在一起。

第127~130天 守株待兔

胎宝宝：体重增加约70克

孕妈妈：适当晒晒太阳

胎宝宝的生长速度惊人。宝宝，现在你只管快快长大，其他的事情就交给爸爸妈妈。但是等你长大以后要记住，不要像故事中的农民那样不劳而获，整天想着天上掉馅饼的好事。

宋国有个农民，种着几亩地，他的地头上有一棵大树。

一天，他在地里干活，忽然看见一只兔子箭一般地飞奔过来，猛地撞在那棵大树上，一下子把脖子折断了，蹬蹬腿就不行了。这个农民飞快地跑过去，把兔子捡起来，兴奋地说："这真是一点劲没费，白捡了个大便宜，回去可以美美地吃上一顿了。"他拎着兔子一边往家走，一边自得地想："我的运气真好，没准明天还会有兔子跑来，我可不能放过这样的好时机。"

不劳而获是不太可能的，宝宝要谨记呀！

第二天，他到地里，也不干活，只守着那棵大树，等着兔子撞过来。结果，等了一天什么也没等到。他却不甘心，从此，天天坐在那棵大树下等着兔子来。他等呀等呀，直等到地里的野草长得比庄稼都高了，连个兔子影也没有再见到。

第131~134天 一叶障目

胎宝宝：胎动时像肚子咕咕叫

准爸爸：晚上帮孕妈妈翻身

胎宝宝此时出现胎动，当感受到你胎动的那一刻，爸爸的心情无比激动。但此时你胎动的声音像肚子在咕咕叫，这是不是也是你“掩饰”自己的方法呢？

春秋战国时期，楚国有一个读书人，家里十分贫穷。

有一天，他看书上写道：“螳螂用树叶遮挡住身体，这样去捕捉知了的时候就不会被发现。”书生心想：如果我能得到那片树叶，那该有多好啊！

于是，他扔下书往树林里跑，想找到那片树叶。忽然，他看见一只螳螂躲在一片树叶后面，正在捕捉知了。书生高兴极了，一把抢下那片树叶。可是他太激动了，树叶一不小心掉到了地上，和一堆树叶混在了一起。书生找呀找，怎么也找不到，便将那一堆树叶一起带回了家。

回到家后，书生开始试验哪一片树叶是可以隐藏自己的。于是他一片片地拿起树叶遮住自己的眼睛，问妻子：“你能看见我吗？”一开始，妻子告诉他：“看得见。”后来问的次数多了，妻子不耐烦地说：“看不见啦。”书生以为他找到了那一片树叶，急切地跑到了市集上。

在一家店铺里，书生把树叶放在眼睛前面，偷拿店家的东西，当场就被店主抓住，送去了官府。县官问他是怎么回事，书生把事情老老实实地告诉了县官，县官听了哈哈大笑，教训了一顿就把他放走了。

第135~136天 狼来了

胎宝宝：会打嗝了

孕妈妈：尽量不吹空调

宝宝，你要做个诚实的孩子。因为每个人都喜欢与诚实的人交朋友，谎言和欺骗只会让朋友离你越来越远。就像故事中的放羊娃几次欺骗农夫，当狼真的来了，人们已经不再相信他了。

从前，有个放羊娃，每天都去山上放羊。

一天，他觉得十分无聊，就想了个捉弄大家寻开心的主意。他向着山下正在种田的农夫们大声喊："狼来了！狼来了！救命啊！"农夫们听到喊声急忙拿着锄头和镰刀往山上跑，他们边跑边喊："不要怕，孩子，我们来帮你打狼！"农夫们气喘吁吁地赶到山上一看，连狼的影子也没有！放羊娃哈哈大笑："真有意思，你们上当了！"农夫们生气地走了。

第二天，放羊娃故伎重演，善良的农夫们又冲上来帮他打狼，可还是没有见到狼的影子。放羊娃笑得直不起腰："哈哈！你们又上当了！哈哈！"大伙儿对放羊娃一而再再而三地说谎十分生气，从此再也不相信他的话了。

过了几天，狼真的来了，一下子闯进了羊群中。放羊娃害怕极了，拼命地向农夫们喊："狼来了！狼来了！快救命呀！狼真的来了！"农夫们听到他的喊声，以为他又在说谎，大家都不理睬他，没有人去帮他，结果放羊娃的羊都被狼吃掉了。

撒谎和欺骗会令信任你的人离你而去，所以，不要这样做。

训练听觉
学学狼和羊的叫声

第137~138天 我是谁的小猫咪

胎宝宝：骨骼更加坚硬

孕妈妈：定期通风换气

胎宝宝的骨骼在不断变坚固，变得更强壮。妈妈知道等你长大后，肯定也会像花花一样，离开妈妈去追求自己想追求的。

猫妈妈阿黄生了五只小猫，其中四只是黄猫，只有一只身上有黄色和黑色的斑纹，阿黄给她取名叫花花。

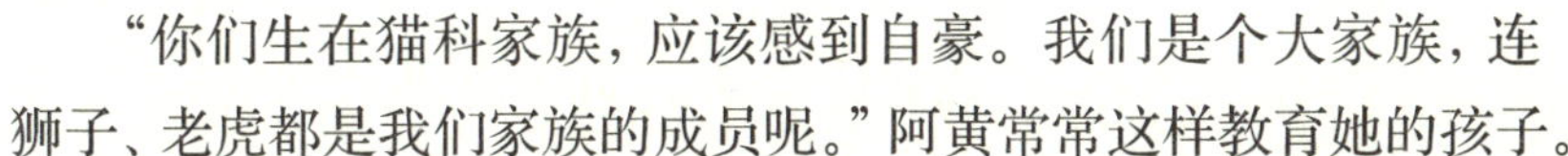

“你们生在猫科家族，应该感到自豪。我们是个大家族，连狮子、老虎都是我们家族的成员呢。”阿黄常常这样教育她的孩子。

花花听了这些话，心想：那些“大猫”——狮子、老虎多了不起啊，我要是像他们一样该多好啊。她看了看自己身上的花纹，越看越觉得自己不同凡响。于是，她对阿黄说：“你不是我的妈妈，我长得和你不一样，和其他小猫也不一样，我是谁的小猫咪呢？”“你当然是我的小猫咪啦！”阿黄说，“我是你的妈妈，其他的小猫是你的兄弟姐妹。”可是花花不相信。“也许我妈妈是一头狮子，我要是跟在她身边，她会带我一起捕羚羊。”花花自言自语。“也许我的妈妈是一只老虎，我要是在她身边，她一定会带我在森林里游玩。”花花又说。“不行，我要去找我的亲妈妈。”花花想到这里，觉得自己一刻也不想待在这里了。

于是，花花悄悄离开了家，去找她的“亲”妈妈。她轻手轻脚地走在大街上。突然，一只大狗发现了他，“汪！汪！”大狗对花花大叫。花花吓得趴在地上，一动也不敢动，“喵呜，喵呜”地哼着：“妈妈快来啊，妈妈救命！”

这时，阿黄从后面跳了出来，挡在花花面前，冲大狗“喵，喵”大叫。她全身的毛都竖起来了，看上去就像一头凶猛的老虎，又像一头凶猛的狮子！大狗本来只想吓唬吓唬花花，见阿黄这么凶猛地朝自己扑过来，也吓得转身跑开了。花花见大狗走了，一下子跳到阿黄怀里，“妈妈，你怎么在这？”“傻孩子，妈妈一直跟着你呢。”花花摇了摇尾巴，说：“妈妈，原来你就是我的亲妈妈啊！”

训练视觉

认识猫、老虎和狮子

第139~140天 巨人的花园

胎宝宝：长出了弯弯的眉毛

准爸爸："摸摸"胎宝宝

每天下午，孩子们都要到巨人的花园里去玩。

这是一个可爱的大花园，里面绿草茵茵。草地上到处都有美丽的鲜花和高大的果树。小鸟站在那些树上，甜美地唱着歌儿。孩子们常常停止游戏，去听它们唱歌。"我们在这里真开心！"孩子们开心地说着。

一天，巨人回来了。他拜访一位朋友去了，而且跟朋友在一起住了七年时间。他到达花园时，看到那些孩子在花园里玩耍。

"你们在这里做什么？"他生气地大声喊道。孩子们一下子都跑光了。"我自己的花园就是我自己的花园，"巨人说，"除了我自己，不允许任何人在花园里玩。"于是，他在花园四周建起了高墙。

可怜的孩子们现在没有地方可玩了。"我们以前在美丽的花园里是多么开心啊！"孩子们相互说道。

后来，春天来了，全国各地到处都是鲜花和鸟儿。只有巨人的花园里还是冬天。没有孩子们，没有小鸟，没有鲜花，到处都是雪霜。

"我不明白为什么春天来得这么晚，"巨人坐在窗边望着外面寒冷的白色花园说，"我希望天气会发生变化。"

但是，春天一直没有来，夏天也一直没有来，所以花园里一直是冬天。

一天早晨，巨人醒来躺在床上，他突然听到一阵美妙的音乐，乐声是那样悦耳，他认为那是世界上最美的音乐。他从床上跳起来，向外望去。他看到了一幅非常

胎宝宝的眼睛上长出弯弯的睫毛，这样就可以为眼睛“挡风遮雨”了。宝宝，你看，睫毛将自己分享给了眼睛，使眼睛得到了保护。如果你发现珍贵的东西，记得也要和别人分享。

美丽的景象：通过花园墙壁的一个小洞，那些孩子都爬了进来，坐在那些树的树枝上。他在每一棵树上都看到了一个孩子。那些树很高兴孩子们能重新回来，草地上也都绽满了鲜花。

只有一个角落还是冬天，有一个小男孩站在那里。他个子太小，无法爬上树枝，他一边在树的周围来回转一边痛哭。

巨人望着窗外这种情景，心变软了。“我曾经是多么自私啊！”他说，“现在我明白为什么春天不愿意来这里了。”他为自己的所作所为感到非常愧疚。他马上走出来，把那个可怜的小男孩放到了树顶，然后推倒了围墙。

从那以后，所有的孩子都回来了，而且春天也跟着他们回来了。

孕6月

这个月，胎宝宝的胎动次数增加，孕妈妈能更清晰地感受到胎动。此时，胎宝宝也已有了记忆，他可以记住爸爸妈妈的声音了，多和他说说话，多抚摸他，小家伙也会做出积极的回应哟。

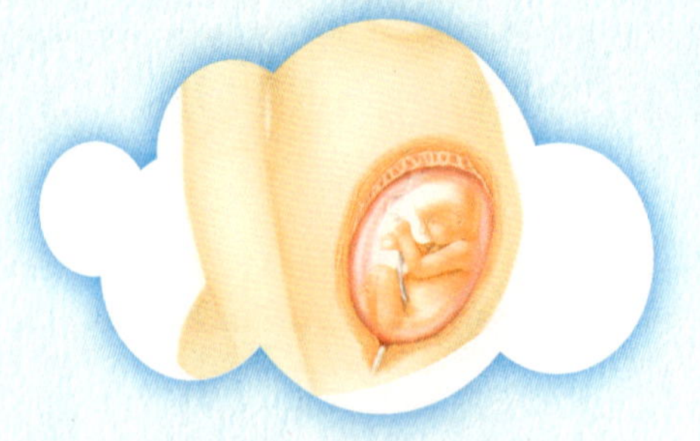

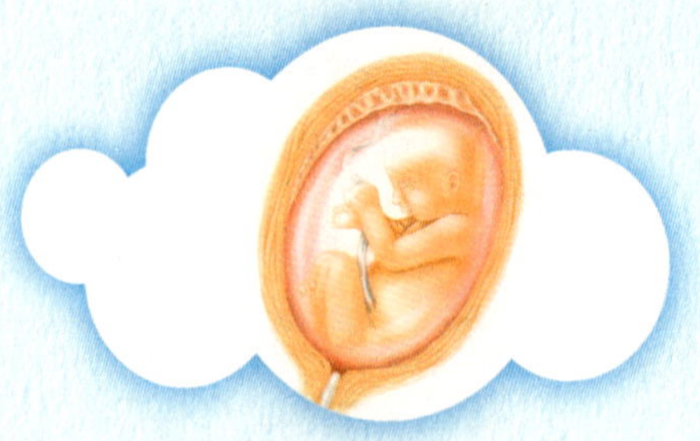

孕妈妈的变化

由于增大的子宫的压迫，孕妈妈会感觉到呼吸困难、消化不良等情况，还易出现下肢水肿、静脉曲张。

乳房：乳房外形饱满，有时挤压时会有稀薄的乳汁流出。

子宫：子宫底的高度在耻骨联合上方18~20厘米处。支撑子宫的韧带被拉长，孕妈妈偶尔会觉得疼痛。

腹部：此时你是个标准的大肚孕妈妈了。

胎宝宝的变化

小家伙不仅会咳嗽、打嗝、皱眉、眯眼，还会吸吮自己的大拇指。从本月开始，胎宝宝带有积极的生活情绪，不满意时会发些小脾气。

第141~142天 月亮汤

胎宝宝：常常吸吮自己的手指

孕妈妈：预防前置胎盘

胎宝宝会在孕妈妈的腹中吸吮手指了。你是不是也是因为闻到了美味的“月亮汤”，不自觉地吸吮手指呢？月亮真的能煮汤吗？当然不行，“月亮汤”之所以美味，是因为汤中有大家的爱心和用心，所以它的味道才那么独特与美味。

今晚的月亮又大又圆，小狐狸一边走，一边看月亮。

忽然，传来一阵哭声。小狐狸连忙跑过去。啊，是小野猪在哭呢！“我肚子好饿！”小野猪哭着说。

小狐狸想了想，跑回家拿来一只大铁锅。他用石头搭了一个灶，然后往大铁锅里装满了清水架在灶上面，又把灶里的干树枝点燃了。

“你们在做什么呀？”一只山猫跑了过来。“我们在煮‘月亮汤’，最美味的，‘月亮汤’。”小狐狸说。

山猫往锅里看，呀，一个月亮正在锅里煮着呢！小狐狸闻了闻说：“要是有些葱就好了……”山猫听了，跑回去拿来了一大把葱。一只小兔子也跟着来了。

“不知道往里面再放一些胡萝卜会不会好吃一些？”说着，小兔子将几根胡萝卜放到小狐狸的面前。“可以再放一点儿蘑菇。”一只小山鼠带着蘑菇也来了。

接着，又有几个动物送来了吃的东西。小狐狸将这些东西倒进了锅里。过了一会儿，香味从锅里飘了出来。

“哇，好香呀！”动物们高兴极了，“小狐狸，想不到你煮的‘月亮汤’这么香，一定很好喝吧！”

“当然，你们喜欢的话也可以尝尝。”“谢谢你，小狐狸。”

动物们高兴地坐了下来，喝着香喷喷的“月亮汤”。小野猪喝得最多，因为他太饿了。

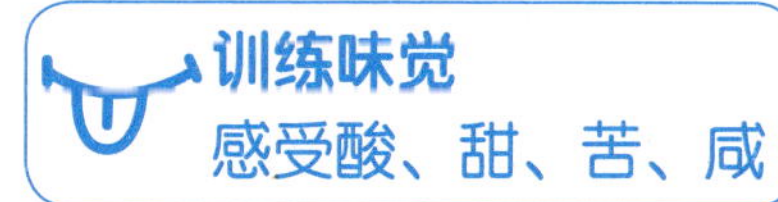

第143~144天 热爱钢琴的贝多芬

胎宝宝：听觉灵敏，不喜欢噪音

准爸爸：和孕妈妈测胎动

现在，胎宝宝的听觉极其灵敏，会被突然发出的声音所吵醒。为了避免你被惊吓，爸爸给你准备了好听的音乐，让你在美妙的音乐声中入睡，在音乐声中醒来，畅游音乐的世界。

1770年12月16日，德国莱茵河畔的一座小城波恩，同往日一样开始了它一天的生活。就在这一天，城里一位姓贝多芬的宫廷歌手家里，一个男孩子降生了。孩子很健康，放开嗓门哭，似乎在向人们宣告他的到来。孩子的出生给一家人带来了喜悦，孩子的祖父路德维希慈祥的脸上挂满了笑容。他高兴地对儿子约翰说："这孩子就用我的名字，叫路德维希吧。"为孙子起名的老祖父肯定没有想到路德维希·凡·贝多芬这个名字，日后会进入世界大音乐家的行列，成为世界文化名人。

贝多芬的祖父与父亲都是宫廷歌手，祖父晚年还当了乐团的乐长。贝多芬的母亲也身出名门。出生音乐世家的贝多芬，也许有些遗传基因，刚刚牙牙学语时就喜欢听琴声。每当老祖父弹奏钢琴时，他不哭也不闹，全神贯注地听，成了老路德维希的小"知音"。

贝多芬4岁那年，一天他父亲把他叫到身边，对他说："你今年4岁了，莫扎特像你这个年龄时就能弹小步舞曲，5岁开始作曲，今年才18岁已成为著名音乐家。你如果真喜欢音乐、喜欢钢琴，现在开始好好练习吧。"

从此，贝多芬的父亲常把孩子带到钢琴前，让他在那里艰苦地练上数个小时，每当弹错就会有责罚。虽然父亲的教育方式不可取，但是源于对音乐的热爱，贝多芬每天都会练习弹奏很久，最终真的成为世界著名的钢琴家、作曲家和指挥家，他的作品对音乐发展有着深远影响，被尊称为"乐圣"。

训练听觉

一起欣赏《第九交响曲》

第145~146天 沉香救母

胎宝宝：心跳越来越强烈

准爸爸：消除孕妈妈的担忧

妈妈对宝宝的爱是无私的付出，宝宝对妈妈的爱是与生俱来的依恋。这种相互依偎、彼此关爱的浓浓亲情像是永世不变的歌谣，经久不衰，历久弥新。

汉代有个书生叫刘向，上京赶考时，顺道登华山一游。

在华山的一座神庙中，刘向看到了三娘的塑像，立即被深深吸引住了，便取出笔墨，深情地在墙上抒写了自己对三娘的爱慕之情。三娘也对刘向一见钟情，于是便化为一民间女子，追上刘向，二人结为伉俪。刘向考期将临，三娘已有孕在身，依依惜别之时，刘向赠给三娘一块祖传沉香，说日后生子可以“沉香”为名。

谁知，私嫁凡人之事被三娘的哥哥二郎神知道了，二郎神勃然大怒，要捉她上天接受惩罚。但三娘随身带有一件王母赠的宝物——宝莲灯，此物是镇山之宝，无论哪路妖魔、哪方神仙都被震慑称服。二郎神就令自己的哮天犬乘三娘休息之际，盗走了宝莲灯。这样，可怜的三娘就被二郎神压在华山下的黑云洞中。不久，三娘生下儿子沉香，她偷偷恳求丫鬟，将儿子送到扬州刘向身边。

长大的沉香一心想救出母亲。他历尽了千辛万苦，终于走到了华山。可是母亲在哪里呢？这个只有八岁的孩子，放声大哭起来。哭喊声惊动了路过此地的霹雳大仙。好心的大仙问明情由，深为善良的三娘和受苦的孩子鸣不平。于是他将沉香带回自己的住所。沉香在大仙的指点下，刻苦认真地学习，渐渐学会了六韬三略、百般武艺。十六岁生日那天，沉香向师父辞行，去华山救母。大仙赠给他一柄萱花开山神斧。

沉香腾云驾雾，来到华山黑云洞前，举起萱花开山神斧，奋力猛劈。只听得“轰隆隆”一声巨响，地动山摇，华山裂开了。沉香急忙找到黑云洞，救出了母亲。整整十六年，受尽了苦难的三娘终于重见天日。

从此，三娘、刘向和他们的英雄儿子沉香全家团圆，永远幸福地生活在一起。

第147~148天 木偶奇遇记（节选）

胎宝宝：睁开明亮的大眼睛

孕妈妈：自测宫高和腹围

从前有一段木头，这段木头并不是什么贵重木头，就是柴堆里那种普通木头，扔进炉子和壁炉生火取暖用的。

有一天，这段木头碰巧到了一位老木匠的铺子里，这位老木匠名叫安东尼奥，大伙儿都管他叫樱桃师傅，叫他樱桃师傅，是因为他的鼻尖红得发紫，再加上亮光光的，活像一个熟透了的樱桃。

樱桃师傅看见这段木头，高兴极了，他满意地一个劲儿搓着手，低声嘟囔说："这段木头来得正好，我要拿它做条桌子腿。"说干就干，他马上拿起一把锋利的斧子，动手就要削掉树皮，好大致砍出桌子腿的样子。可他第一斧正要砍下去，手举在头顶上却一下子停住不动了，因为他听见一个很细很细的声音央求他说："可别把我砍得太重了！"想象一下吧，樱桃师傅这位善良的老头儿该是多么惊讶啊！

他一双眼睛吓傻了，满屋子骨碌碌转了一圈，要看看这个声音是从哪儿来的，可他一个人也没有看见！他往工作台底下看看，没有人；他打开一直关着的柜子看看，没有人；他往一篓刨花和碎木片里看看，也没有人；他甚至打开铺子门往街上看看，还是没有人！那是谁呢？"我明白了，"他抓抓头上的假发，笑着说，"这声音一准是我听错了。我还是干我的活吧。"他重新拿起斧子，在那段木头上狠狠地一斧头砍下去。"唉哟！你把我砍痛了！"还是那很细的声音埋怨着叫起来。这回樱桃师傅愣住了，眼睛吓得鼓了出来，嘴巴张得老大，舌头拖到下巴，活像喷水池里一个妖怪的石像。

胎宝宝睁开明亮的眼睛，每天看着周围的一切，仿佛觉得周围的一切都已经如此熟悉。你想不想去看看奇幻的世界？不如就带妈妈去你的梦里吧，我想我们一定会经历一场难忘的奇幻旅程。

等到他重新能够说话，他吓得哆哆嗦嗦、结结巴巴地说了起来：“这个细声细气叫‘唉哟’的声音，它到底是从哪儿来的呢？……屋子里一个人也没有。难道是这段木头，不是木头又是什么呢，难道是木头里躲着个人吗？要真躲着人，那他就活该倒霉，我这就来跟他算账！”他这么说着，双手抓住这段可怜的木头，一点也不客气地把它往墙上撞。撞了一会儿，他停下来竖起耳朵细细地听，看有什么哭声没有，他听了两分钟，没有，听了五分钟，没有，听了十分钟，也没有！

“我明白了，”他苦笑着说，“一准是我听错了！我还是干我的活吧。”可他心里仍然挺害怕，于是试着咿咿唔唔地哼支小调壮壮胆。这一回他放下斧子，拿起刨子，要把木头刨刨平，可他刚那么一刨，又听见那个很小很小的声音嘻嘻地笑着对他说：“快住手！你弄得我浑身怪痒痒的！”

可怜的樱桃师傅这一回活像遭了雷打，“扑通”一声倒了下来。等他重新睁开眼睛，只见自己坐在地上。他脸都变了色，一向红得发紫的鼻尖，这会儿都吓得发青了。

木头会说话，是不是觉得很不可思议，但樱桃师傅确实遇到了。

第149~152天 买椟还珠

胎宝宝：双手可以抓握了

孕妈妈：饮食要少糖、少盐

胎宝宝的双手可以抓握了，妈妈好期待你出生后可以抓住妈妈的手。同时，妈妈也希望你可以在取舍时不被“诱惑”左右，坚持自己，用双手“抓握”事情的本质，取舍得当。

一个楚国人，他有一颗漂亮的珍珠，他打算把这颗珍珠卖出去。为了卖个好价钱，他决定要将这颗珍珠好好包装一下，他觉得有了高贵的包装，那么珍珠的“身份”自然就会高起来。

这个楚国人找来名贵的木材，又请了位手艺高超的匠人，为珍珠做了一个盒子（当时叫“椟”），用桂椒香料把盒子熏得香气扑鼻。然后，用翠鸟的羽毛在盒子的外面精雕细刻了许多好看的花纹，还镶上漂亮的金属花边，看上去闪闪发亮，实在是一件精致美观的工艺品。楚人将珍珠小心翼翼地放进盒子里，拿到市场上去卖。

到市场上不久，很多人都围上来欣赏楚人的盒子。一个郑国人将盒子拿在手里看了半天，爱不释手，终于出高价将楚人的盒子买了下来。郑人交过钱后，便拿着盒子回家了。

可是过了几天郑人又回来了。楚人以为郑人后悔了要退货，没等楚人反应过来，郑人已走到楚人跟前。只见郑人将珍珠交给楚人说：“先生，我买的只是盒子，您将一颗珍珠忘在盒子里了，我是特意回来还珍珠的。”于是郑人将珍珠交给了楚人，就回家去了。

第153~156天 滥竽充数

胎宝宝：看起来像圆润的南瓜

准爸爸：帮孕妈妈锻炼骨盆底肌肉

胎宝宝的体重迅速增加，就像南瓜一样圆润可爱。此时，经典的音乐和故事能给胎宝宝注入能量，会让他朝着更美好的方向发展。那就让爸爸来给你讲个故事吧。

战国时，齐国有一位喜欢寻欢作乐的国君叫齐宣王。他派人到处寻找能吹善奏的乐工，组成了一支规模很大的乐队。

齐宣王尤其爱听用竽吹奏的音乐，每次演出的排场都不小，总要集中三百名乐工一起吹。

有个游手好闲、不务正业的南郭先生，知道齐宣王乐队的待遇很优厚，就一心想混进这个演奏班子。可是他根本不会吹竽，不过他知道齐宣王喜欢所有的乐工一起演奏，自己若是混在里头，装装样子，充充数，谁看得出来！

南郭先生千方百计地加入了这支乐队。每当乐队演奏时，他就学着别人东摇西晃，有模有样地吹奏。由于他学得惟妙惟肖，好几年过去了，居然也没露出破绽。

后来齐宣王的儿子齐湣王继承王位。齐湣王和他的父王一样，也喜欢听竽，但是他却不喜欢合奏，反而爱听独奏，他要求乐工们一个个轮流吹奏给他听。这下子，冒牌充数的南郭先生可慌了，他的心里七上八下的，欺君犯上的罪名，他可担当不起啊！眼看就要露出马脚了，他只好赶紧收拾行李，慌慌张张地溜走了。

第157~158天 小红帽

胎宝宝：脂肪开始储存热量

孕妈妈：吃些萝卜助通气

胎宝宝的呼吸系统不太成熟，还要发育相当长的一段时间才可以完整地呼吸。但此时，胎宝宝的脂肪可以储存热量了。有了这些脂肪，就可以让你更强壮。

从前，有个人见人爱的小姑娘。外婆送给她一顶红色的帽子，她特别喜欢，整天戴着这顶帽子。于是，大家便叫她“小红帽”。

一天，妈妈对小红帽说：“外婆生病啦，这里有一块蛋糕和一瓶葡萄酒，你给外婆送去吧。”外婆住在村子外面的森林里。小红帽刚走进森林，就碰到了一只狼。“你好呀，小红帽，”狼说，“这么早要到哪里去呀？”“我要到外婆家去。”狼听了后，决定先去吃掉外婆，再吃掉小红帽。他说：“小红帽，你看周围这么多漂亮的花，不如你去采些送给外婆吧！”小红帽觉得有道理，便离开大路，去林子深处采花。狼却直接跑到外婆家，敲了敲门。“谁呀？”“外婆，我是小红帽，”狼捏着鼻子回答，“我给你送蛋糕和葡萄酒来了。”“门没锁，你拉一下就行了。”外婆说。狼进屋来，冲到床前，把外婆吞进了肚子。然后他穿上外婆的衣服，戴上帽子，躺在床上。

小红帽采完花，来到外婆家。看到外婆家的门敞开着，她感到很奇怪。她走进屋里，只见外婆躺在床上，帽子拉得低低的，把脸都遮住了，样子非常奇怪。“外婆，你的耳朵怎么这么大呀？”小红帽问。“为了更好地听你说话呀，乖乖。”“外婆，你的嘴巴怎么也大得吓人呀？”“可以一口把你吃掉呀！”狼刚把话说完，就从床上跳起来，把小红帽吞进了肚子里。狼吃饱后便重新躺到床上睡觉，而且鼾声震天。一位猎人碰巧从屋前路过，心想：这老太太鼾打得好响啊！我要进去看看她是不是出什么事了。

猎人进了屋，发现一只狼躺在那里。他正准备开枪，突然又想到，狼很可能把老太太吞进了肚子。于是，猎人把狼的肚皮剪开。刚剪了两下，小红帽便跳了出来，接着，外婆也出来了，只是有点喘不过气来。外婆吃了小红帽带来的蛋糕和葡萄酒后，精神立刻好多啦！

第159~160天 渔夫和金鱼的故事

胎宝宝：会眨眼了

孕妈妈：适量补充钙质

胎宝宝漂亮的眼睛就像夜空中的星星，一闪一闪，亮晶晶的，也像夜晚的月亮倒映在海平面上的月光，不知今晚海里会不会出现能帮人实现愿望的金鱼呢？

从前，有个老头儿和他的老太婆住在大海边，他们住在一所破旧的泥棚里，整整有三十三年。老头儿撒网捕鱼，老太婆纺纱织布。

有一次，老头儿网到一条金鱼。这条金鱼竟跟人一样能开口说话："老爷爷，把我放回海里去吧，我会给你丰厚的报酬。"老头儿心里有点害怕：他从来没有听说过鱼会说话。于是，他把金鱼放回大海，还对它说："我不要你的报酬，你回到大海里去吧。"

晚上，老头儿回到家，告诉老太婆这桩奇事。老太婆生气地说："你太蠢了！哪怕要只木盆也好，我们那只已经破得不成样啦。"第二天，老头儿走向大海，呼唤金鱼。金鱼游过来问道："你要什么呀，老爷爷？"老头儿向它行个礼回答："行行好吧，我的老太婆要一只新的木盆，我们那只已经破得不能再用了。"金鱼回答说："回去吧，你们马上就会有一只新木盆。"老头儿回到家，果然有了一只新木盆。老太婆却不满足："木盆能值几个钱？再到金鱼那儿去，向它要座木房子。"

老头儿又走向大海，呼唤金鱼，向金鱼要了一所木房子。老头儿回到家，原来的破泥棚变成了一座敞亮的木房子。可是，老太婆还不满意，又要当贵妇，做了贵妇还要当女王。最后甚至逼着老头儿去找金鱼，要成为海上的女霸王。

老头儿只好又来找金鱼："行行好吧！老太婆要做海上的女霸王。这样，她好生活在大海，还叫你亲自去伺候她，听她使唤。"金鱼一句话也不说，只是摇了摇尾巴，游到大海深处去了。

老头儿在海边久久地等待着回答，可是没有等到，他只得回去见老太婆。结果他看到的依旧是那间破泥棚，他的老太婆正坐在门槛上，她面前摆放的还是那只破木盆。

第161~162天 长着驴耳朵的国王

胎宝宝：皮肤表面皱皱的

准爸爸：听听胎心音

胎宝宝的皮肤皱皱的，但是过不了多久就会变得光滑。就像故事中的国王，长着驴耳朵看起来很怪，但是换种思维，长耳朵是为了更好地倾听民心，国王反而得到了国民的爱戴。

从前，有一个国王长了一对驴耳朵。

为了遮住长耳朵，国王特别定做了一顶大帽子。有一天，国王请宫里最守信用的理发师帮他剪头发。理发师看见了国王的耳朵，吓得直发抖。国王对他说："我听说你是个守信用的人，你发誓绝对不会说出这个秘密！"理发师不停地点头说："您放心，我绝对会保密的！"理发师回到家，一直将秘密闷在心里，终于生病了。医生建议他到深山里挖一个洞，对着洞口大声喊出自己心里的秘密，病就会好了。理发师听了医生的话，立刻到深山里挖了个洞，对着洞口大声喊："国王有一对驴耳朵！国王有一对驴耳朵！"说完以后，理发师觉得轻松多了，他开心地用泥土把洞口封起来，高高兴兴地回家去了。几年之后，埋藏国王秘密的洞口长出一棵大树。

有一天，一个牧羊少年砍下那棵大树的树枝，做成了一支笛子。牧羊少年吹起笛子，没想到这支笛子吹出来的声音竟然是"国王有一对驴耳朵！国王有一对驴耳朵！"少年觉得这支笛子真神奇，就到城里边走边炫耀。不久，城里所有的人包括国王都知道这件事情。国王非常生气，就派人把理发师抓到宫里。理发师害怕地跪在国王面前，发着抖说："国王陛下，我真的没有告诉任何人这个秘密，请您一定要相信我！您可以告诉大家，您的长耳朵是用来倾听百姓的心声，以便好好地治理国家。这样大家不但不嘲笑您，反而会更加尊敬您。"

国王听了，觉得很有道理，于是把全国的百姓集合起来，大家看到国王的长耳朵，都吓了一大跳。国王笑着对大家说："这是上天送给我的礼物，让我用这对长耳朵聆听你们的心声，好好治理国家！"大家听了，全都感动地鼓起掌来。为了感谢理发师，国王封他为大臣，让他帮忙治理国家。勤政爱民的国王也更受人民的爱戴了。

第163~164天 小矮人的大布袋

胎宝宝：肌肉变得更结实

孕妈妈：禁止食用冷饮

在关键的时候，小矮人用他的大布袋抓走了巨人、小偷和卡车司机，并送到了警察局。宝宝，现在你越来越聪明了，以后你也要明辨是非，用智慧帮助警察叔叔。

街上走来一个小矮人，小矮人背着一个大布袋。这时，有两个巨人在打架。

小矮人叫："别打架，别打架！"

"小孩子别管闲事！"两个巨人一起对着小矮人扬了扬拳头。

小矮人张开大布袋，叫："进来进来！"

"啊！"两个巨人糊里糊涂地缩小了，惊叫着被吸进大布袋。

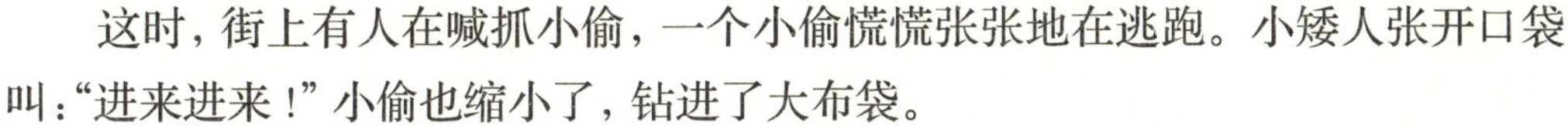

这时，街上有人在喊抓小偷，一个小偷慌慌张张地在逃跑。小矮人张开口袋叫："进来进来！"小偷也缩小了，钻进了大布袋。

忽然，一辆卡车闯过了红灯，小矮人张开口袋又叫："进来进来！"卡车呼呼地缩小，稀里糊涂地钻进了大布袋。

小矮人将大布袋背进警察局，说："你们要处理的人我都带来了！"

警察问："人呢？"小矮人打开大口袋："出去出去！"卡车开了出来，渐渐变大。小矮人说："这辆车闯红灯！"

两个小人走了出来，渐渐变成巨人。小矮人说："他们在街上打架，劝不住。"两个巨人叫道："太闷了，太闷了！"警察惊奇地说："啊！真是怪事了！"

小矮人将布袋一抖，小偷被抖了出来。小矮人指着他说："他是小偷。"小偷惊讶地叫道："哇，我的骨头都要散了，这是哪里呀？""这是警察局！"

"再见！"小矮人将大布袋往肩上一放，走了。巨人、小偷、卡车司机都被警察带走了。

第165~168天 豌豆公主

胎宝宝：强有力的胎心音

准爸爸：听听胎宝宝的心跳

从前有一位王子，他想找一位公主结婚，但她必须是一位真正的公主。他走遍了全世界，想要寻到这样一位公主。可是无论他到什么地方，总是会碰到一些障碍。公主倒有的是，不过他没有办法断定她们究竟是不是真正的公主。她们总是有些地方不大对头。结果，他只好回家，心中很不快活，因为他是那么渴望得到一位真正的公主。

一天晚上，忽然下起了暴风雨。电掣（chè）雷鸣，还下着大雨。这时，有人在敲门，站在门外的是一位很美丽的姑娘，那姑娘自称是公主，天哪！那姑娘简直跟仙女一样美丽！

"是的，这点我们马上就可以考查出来。"老皇后心里想，可是她嘴上什么也没说。她走进卧房，把所有的被褥都搬开，在床榻上放了一粒豌豆。之后她取出二十床垫子，把它们压在豌豆上。而后，她又在这些垫子上放了二十床鸭绒被。这位自称是公主的姑娘夜里就睡在这些东西上面。

早晨大家问她昨晚睡得怎样。这位姑娘幸福地说："真是太舒服了！那床简直是海绵做的，柔软极了！噢！我昨天睡得多香啊！"这位王子马上就对那个姑娘说："请您离开，因为您并不是一位真正的公主。"

第二天晚上，又下起了暴风雨，外电掣（chè）雷鸣。这时，又有人在敲门，侍女就走过去开门。站在门外的是一位公主。可是，

胎宝宝的心跳越来越强烈。现在爸爸趴在妈妈肚子上可以听到你强有力的心音。宝宝，如果有一天你遇到了你心目中的王子或公主，你会不会也心跳得如此强烈？

天哪！经过了风吹雨打之后，她的样子是多么难看啊！水沿着她的头发和衣服向下流，流进鞋里，又从脚跟流出来。

她说她是一位真正的公主。“是的，这点我们马上就可以考查出来。”老皇后心里想，可是同样的她什么也没说。她走进卧房，把所有的被褥都搬开，在床榻上放了一粒豌豆。之后她取出二十床垫子，把它们压在豌豆上。而后，她又在这些垫子上放了二十床鸭绒被。

这位公主夜里就睡在这些东西上面。早晨大家问她昨晚睡得怎样。“啊，不舒服极了！”公主说，“我差不多整夜没合上眼！天晓得我床上有个什么东西，我睡到一块很硬的东西上面，弄得我全身发青发紫，这真怕人！”

现在大家就看出来了。她是一位真正的公主，因为压在这二十床垫子和二十床鸭绒被下面的一粒豌豆，她居然还能感觉得出来。除了真正的公主以外，任何人都不会有这么嫩的皮肤。

因此那位王子就选她为妻子了，因为现在他知道他得到了一位真正的公主，而人们也就称她为豌豆公主了。这粒豌豆也被送进了博物馆，如果没有人把它拿走的话，人们现在还可以在那儿看到它呢。

孕7月

胎宝宝在孕妈妈的腹中长大，小家伙也变得越来越“调皮”了，这个时候要多跟胎宝宝说说话，聊聊天，和他一起分享生活中的趣事。

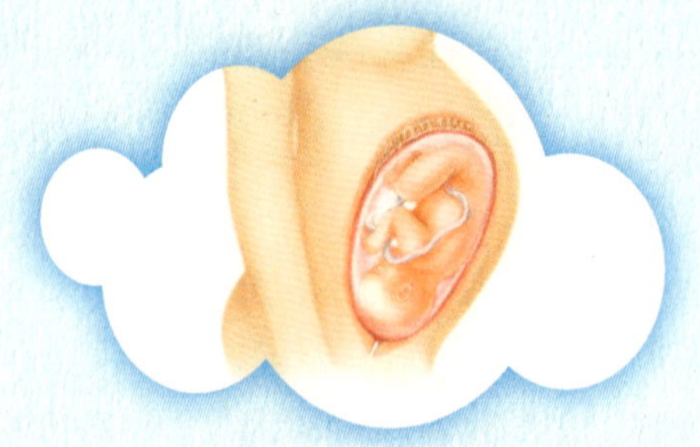

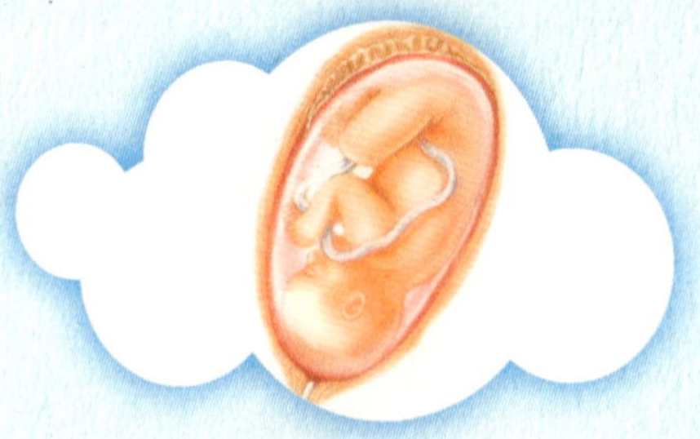

孕妈妈的变化

孕妈妈的肚子越来越大，压迫下半身的静脉，容易出现静脉曲张。由于腹部向前突出呈弓形，常会引起腰酸背疼。有的孕妈妈会出现小腿抽筋等症状。

乳房：乳房继续胀大。

子宫：子宫底的高度是 21~24 厘米，达到脐以上。子宫肌肉对外界的刺激开始敏感，如用手稍微刺激腹部，可能会出现较微弱的宫缩。

胎宝宝的变化

胎宝宝在妈妈的子宫中已经占据了相当多的空间，开始充满整个子宫。胎宝宝舌头上的味蕾正在形成，你知道吗？胎宝宝也有偏好甜食的特点呢。这个阶段胎宝宝大脑细胞迅速增殖分化，体积增大，这标志着胎宝宝的大脑发育将进入一个高峰期。

第169~170天 乌鸦喝水

胎宝宝：胎动更明显

孕妈妈：吃些核桃补充DHA

胎宝宝的大脑继续发育。现在，妈妈每天都会吃富含DHA的食物，让你更聪明。这样，当你遇到难题时，就可以用你聪明的小脑袋认真思考，像乌鸦喝水那样，找到解决问题的办法。

有一只乌鸦长相虽不好看，但智慧过人。一天，他干完活又累又渴，非常想喝水。忽然，他看见了一个大水瓶，满心欢喜。

于是他赶快飞到水瓶旁，可是瓶子里的水不多了，嘴探进去也喝不到，怎么办呢？他使劲地用身体撞瓶子，又用翅膀推瓶子，想把瓶子弄倒，好喝水。可是瓶子又大又重，他的力量太小了，根本弄不倒这瓶子。

忽然，乌鸦看见旁边有许多小石子，他急中生智，想出办法来了：可以把小石子一个一个地放进瓶子里，瓶子里的水渐渐升高，就喝着水了。乌鸦这么想着，就开始这么做了，他不厌其烦地用嘴叼起石子一块一块地放进瓶子里。

“功夫不负有心人”，终于在放了很多块石子后，水上升到了嘴巴能够到的位置，于是他痛痛快快地喝了个够，解了渴。

乌鸦喝水的故事告诉我们，开动脑筋就能找到解决问题的办法。

第171~174天 王冕学画

胎宝宝：支撑身体的脊柱开始形成

孕妈妈：拍套珍贵“大肚照”

胎宝宝的脊柱结构开始形成。此时妈妈能感受到宝宝入睡后的安静乖巧，就像夏天傍晚的荷花，在湖面上静静地开着，宛如一位优雅、恬静的少女或公子。

古时候有一个人叫王冕，因为家里穷，他只念了三年书就去给人家放牛。他一边放牛，一边找些书来读。

一个夏天的傍晚，王冕在湖边放牛，天空忽然乌云密布，下起了一阵大雨，王冕赶紧找个地方躲雨。大雨过后，一片阳光照得满湖金灿灿的。湖里面有十来枝荷花，花瓣上还留着刚刚下过的雨水，滴滴雨水在荷叶上滚来滚去。王冕看得出神，心里想，要是能把它画下来，那多好啊！

他向别人要了几支破笔，把树叶捣烂，挤出汁水当作绿色的颜料；把红色的石头研成粉末，用水调均，当作红色的颜料，坐在湖边画起荷花来。起初，王冕画的荷花、荷叶，都像长了翅膀要飞似的，一点也不像。可他并不灰心，画一张不像，就再画一张。他一边画，一边对着荷花仔细地琢磨。这样画来画去，琢磨来琢磨去，他画的荷花简直跟湖里采来的一样，好看极了。

画荷花成功了，他接着学习画山水、牛马、人物，到后来，不论画什么东西，他都画得很好。

第175~176天"年"的传说

胎宝宝：鼻孔张开

孕妈妈：根据胎宝宝调整作息时间

胎宝宝的鼻孔已经张开，并能进行呼吸运动。此时，胎宝宝在努力地为出生后的呼吸做准备。妈妈猜想你一定是想快点出生，好和家人们一起过第一个春节。

相传，中国古时候有一个叫"年"的怪兽，长期深居海底，每到除夕才爬上岸，吞食牲畜，伤害百姓。因此，每到除夕这天，村村寨寨的人们扶老携幼逃往深山，以躲避"年"兽的伤害。

有一年除夕，桃花村的人们正急急忙忙上山避难，从村外来了个乞讨的老人，只见他手拄拐杖，臂搭袋囊，银须飘逸，目若朗星。乡亲们有的正收拾行装；有的正牵牛赶羊，到处人喊马嘶，一片忙乱恐慌的景象。这时，谁还有心关照这位乞讨的老人。只有村东头一位老婆婆给了老人一些食物，并劝他快上山躲避"年"兽。那老人捋髯（lǚ rán）笑道："婆婆若让我在你家待一夜，我一定把'年'兽撵走。"半夜时分，"年"兽闯进村子，它发现村里气氛与往年不同：村东头老婆婆家，门贴大红纸，屋内烛火通明。"年"兽朝婆婆家怒视片刻，随即狂叫着扑过去。将近门口时，院内突然传来"噼里啪啦"的炸响声，"年"兽浑身战栗，再不敢往前凑了。原来，"年"兽最怕红色、火光和炸响。这时，婆婆家门大开，只见院内一位身披红袍的老人在哈哈大笑。"年"兽大惊失色，狼狈逃窜了。

第二天是正月初一，避难回来的人们见村里安然无恙，十分惊奇。这时，老婆婆才恍然大悟，赶忙述说了乞讨老人把"年"兽撵走的许诺。乡亲们一起涌向老婆婆家，只见婆婆家门上贴着红纸，院里未燃尽的竹子仍在"啪啪"炸响，屋内几根红蜡烛还发着余光……欣喜若狂的乡亲们为庆贺吉祥的来临，纷纷换新衣、戴新帽，到亲友家道喜问好。这件事很快传开了，人们都知道了驱赶"年"兽的办法。

从此每年除夕，家家贴红对联、燃放爆竹，户户烛火通明、守更待岁，初一一大早，还要走亲访友道喜问好。这风俗越传越广，最后成了中国民间最隆重的传统节日——春节。

训练视觉

看看家中有哪些红色的东西

第177~180天 香泡泡

胎宝宝：指甲越来越长

准爸爸：该给宝宝取名字啦

在一座旧房子里，住着小老鼠一家。他们家的味道特别奇怪，天气潮湿或下雨时，这种味道就更大了。但这丝毫不影响小老鼠一家的快乐生活，你听，他们在开家庭舞会呢，有“吱吱吱”的歌声，还有“咚咚咚”的跳舞声，热闹极了。

晚上，玩了一天的小老鼠躺在自己的小床上睡得又香又甜，可是“咕咕、咕咕”肚子叫了起来。小老鼠饿醒了，他跳下床，去找吃的。可在家里翻来翻去，没找到什么可吃的东西，这可怎么办呢？

没办法的小老鼠只好出去找食物。可当他走出家门时，才发现外面正下着大雨呢。极度饥饿的小老鼠顾不了那么多了，回去穿上自己又脏又破的小雨衣，就跑到街上去找食物了。

走着走着，小老鼠眼前一亮，心中开始暗自庆幸，运气真不错，有吃的了。原来他看到一个家庭主妇白天遗弃的一块香皂，小老鼠以为是好吃的东西，就将香皂背回家了。

胎宝宝肺部开始分泌表面活化剂，这是一种防止肺部组织粘连的物质。这个学呼吸的小家伙，不会也像小老鼠们一样，在羊水里学吹泡泡吧？

回到家后，小老鼠高兴地把家人都叫起来，准备一起分享这美味的食物。鼠妈妈说：“洗一洗再吃，这样干净卫生。”于是，小老鼠将香皂放到水盆里，开始洗。可是，香皂经这么一洗，变得越来越小了，最后变成了一盆香皂水。

香皂水散发出淡淡的香味儿，鼠妹妹说：“这水一定好喝！”于是，大家拿着麦秆吸香皂水。小老鼠第一个喝到口，可是他皱着眉头，将香皂水吐了出来：“真难喝，这么涩。”鼠妹妹还没喝到嘴里，赶紧吐了出来，呀，出现了好多泡泡呢，而且香香的。于是小老鼠一家蘸着香皂水吹起了泡泡，房间里全都是大大小小的泡泡了，他们的家变得又香又漂亮，小老鼠一家开心极了。

训练嗅觉

闻闻香皂或沐浴液的味道

第181~184天 诸葛亮草船借箭

胎宝宝：脑波“接收”外界信息

孕妈妈：选择合适的托腹带

胎宝宝的大脑开始支配各个器官系统的运作，这有助于出生后对输入信号的理解。此时胎宝宝的大脑就好像诸葛亮谋士，“有条不紊”地指导着身体的各个器官。

魏蜀吴三国鼎立时期，三国之间经常发生战争，有一次，吴国的都督周瑜，在研究了魏军的情形后，决定用弓箭来防守，他们需要在最短的时间内造出十万支箭，这一时难住了周瑜。当时蜀国的军师诸葛亮正好出访吴国，周瑜向他请教怎样以最快的速度造出所需的箭。诸葛亮对周瑜说，三天时间就可以了。

大家都认为诸葛亮是在说大话。诸葛亮接受任务后，并不着急，他让人为他准备二十只小船，并插满草把。两天过去了，诸葛亮没有任何动静，第三天马上就要到了，一支箭也没有见到，大家都为诸葛亮捏一把汗。第三天半夜时分，诸葛亮将二十只小船用长绳子连接在一起，沿江向魏军的宿营地进发。当天夜里，大雾漫天，水面上伸手不见五指。船队接近魏军营地时，诸葛亮命令把船队一字排开，然后命令军士在船上擂鼓呐喊。诸葛亮笑着对将士说：“我敢肯定魏兵不会在大雾中出兵的，我们只管在船里喝酒好了。”

再说魏军营中，听到擂鼓呐喊声，主帅曹操连忙召集大将商议对策。最后决定，因为长江上浓雾重重，不知道敌人的具体情况，就派水军弓箭手乱箭射击，以防敌军登船。一时间，箭像雨点一样飞向诸葛亮的船队，不一会儿，船身一侧的草把上都扎满了箭。这时候，诸葛亮命令船队掉转身，没有受箭的一侧面很快也扎满了箭。诸葛亮估计船上的箭扎得差不多了，就命令船队迅速返回。

经过清点，船上的草把中足足有十万支箭。周瑜也不得不佩服诸葛亮的智慧了。

第185~186天 鲫鱼妹妹量体温

胎宝宝：肺部气囊开始发育

准爸爸：为孕妈妈制作“水果面膜”

胎宝宝的肺部气囊开始发育。气囊就像一个小小的救生圈，当胎宝宝在羊水里游泳时，帮他浮出水面。此时，你是否也像鲫鱼妹妹一样在羊水里自由自在地游玩呢？

鲫鱼妹妹跟着姐姐去做体检，只见乌龟大夫把体温表塞进鲫鱼姐姐的腋窝，一会儿就量出了体温：“12℃。”

鲫鱼妹妹觉得很好玩，让乌龟大夫把体温表也放进她的腋窝。“26℃！”乌龟大夫取出体温表，看了看说。

鲫鱼妹妹听到结果后，哭了：“我一定是发烧了！”

乌龟大夫问鲫鱼妹妹来之前做了什么，鲫鱼妹妹说：“我泡了个温泉才来的。”

乌龟大夫表情异样地对鲫鱼妹妹说：“你去洗个澡再来量！”

鲫鱼妹妹赶紧到凉水湖中去洗了个澡，再量体温时，乌龟大夫说：“11℃。”

“我不发烧了，原来洗凉水澡可以治发烧！”鲫鱼妹妹高兴极了。乌龟大夫一听，哈哈大笑。

“你笑什么呀？”鲫鱼妹妹好奇地看着乌龟大夫。

“刚才我跟你开玩笑呢，其实，你根本就没有发烧。你们鲫鱼的体温会随水温变化，水热体温就高，水凉体温就低。”乌龟大夫爱怜地摸着鲫鱼妹妹的小脑瓜说。

训练触觉
洗澡时感受水的温度

第 187~188 天 瓦特和蒸汽机

胎宝宝：大脑能"储存"更多知识了

孕妈妈：吃些粗粮来控制血糖

胎宝宝的前脑长大，脑容积变大，能包容所有发育的大脑组织。随着大脑的发育，你也会越来越聪明，妈妈希望你能像瓦特发明蒸汽机一样，用你那聪明的小脑袋"发明创造"一番。

在瓦特的故乡——格林诺克的小镇上，家家户户都是生火烧水做饭。对这种司空见惯的事，有谁留心过呢？瓦特就留了心。有一次，他在厨房里看祖母做饭。灶上放着一壶开水，开水在沸腾，壶盖啪啪啪的响，不停地往上跳动。瓦特观察了好半天，感到很奇怪，猜不透这是什么缘故，就问祖母说："是什么东西使壶盖跳动呢？"

祖母回答说："水开了，就这样。"

瓦特没有满足，又追问："为什么水开了壶盖就跳动？是什么东西在推动它吗？"可能是祖母太忙了，没有工夫搭理他，便不耐烦地说："不知道。小孩子刨根问底地问这些有什么意思呢！"瓦特在他祖母那里不但没有找到答案，反而受到了冤枉的批评，心里很不舒服，可他并不灰心。

连续几天，每当做饭时，他就蹲在火炉旁边细心地观察着。起初，壶盖很安稳，隔了一会儿，水要开了，发出哗哗的响声。壶里的水蒸气冒出来，推动壶盖跳动了。蒸气不住地往上冒，壶盖也不停地跳动着，好像里边藏着个魔术师，在变戏法似的。瓦特高兴极了，几乎叫出声来，他把壶盖揭开盖上，盖上又揭开，反复验证。他还把杯子、勺子遮在水蒸气喷出的地方。瓦特终于弄清楚了，是水蒸气推动壶盖跳动，这水蒸气的力量还真不小呢。

后来，瓦特根据水蒸气的原理发明了蒸汽机，为社会经济的发展做出了卓越的贡献。

训练视觉

观察水开时产生的水蒸气

第189~192天 孔子学琴

胎宝宝：手可以有力地抓握

孕妈妈：少吃油腻食物

胎宝宝肌肉的紧张度渐渐提高，手可以有力地抓握。胎宝宝现在不只会跳舞，他还会弹琴。妈妈猜想此时你应该正在妈妈肚子中，用你那双灵巧的小手弹奏着快乐的乐曲。

孔子向师襄子学习弹琴，学习一首乐曲一段时间后，师襄子对孔子说：“我虽然是以击磬（qìng）做的乐官，但我还是擅长于弹琴。如今，你已学会了这首琴曲，可以进一步学点别的了。”孔子听了，并不急于学其他的，回答说：“我还没有学到弹奏的技巧啊。”

孔子用心投入，练习一段时间后，很快学会了技巧。于是，师襄子便对孔子说：“你现在已经学会技巧了，那么可以学点别的了。”孔子回答说：“可我还没有了解曲子表达的意趣啊。”

孔子继续专心练习，一段时间后，了解了曲子的意趣。此时，师襄子又对孔子说：“你了解了它的意趣，现在可以进一步再学点别的了。”但孔子依然想继续深入，回答说：“我还不晓得它是歌颂谁的啊。”

于是，孔子专心致志，每天弹奏，用心领会曲中歌颂的人物。过了一段时间，有一天，孔子若有所思，怡然地站在一个高处，向着远方眺望说：“我已经知道它是歌颂谁的了。他长得有点黑，身材修长，目光深邃；他胸怀辽阔，囊括四方，心系苍生，有王者气度。若不是周文王，谁能如此啊！”

第193~194天 十二个跳舞的公主

孕妈妈：吃过食物勤漱口

胎宝宝像个“大力士”，长得越来越结实了，踢腿和敲打也越来越有力了。妈妈经常能感觉到你在腹中“手舞足蹈”，就好像公主与王子在舞会中翩翩起舞。

从前，有十二个公主，个个貌美如花。有一段时间，每天早上起来后，国王发现她们的鞋子都磨破了，可是没有人知道是怎么回事。国王非常纳闷。

有一个士兵很忠心，他决定帮国王查清楚。于是，他向巫师借来一件隐身衣，偷偷地溜进了公主们的房间。午夜十二点时，大公主走到自己的床前拍了拍手，接着一扇地板门就出现了。十二个公主一个接一个地钻了进去，士兵紧随她们而去。

她们不停地往前走，最后来到了一个湖边。湖上有十二条小船，每条船上都有一位英俊的王子。到了岸边，每位公主都各自上了一条船，士兵跟小公主上了同一条船。

湖的对岸矗立着一座美丽的宫殿，宫殿里灯火辉煌。他们上岸后，一起走进宫殿，然后王子们开始与公主们跳舞。士兵趁这个时候，偷偷拿走了小公主喝酒的金杯。

凌晨三点钟，所有公主的鞋子都已磨穿了，到这时，她们才恋恋不舍地离开。她们答应第二天晚上再来。

早晨起来，士兵来到国王面前，把金杯呈了上去，跟国王说了自己所看见的一切。公主们见一切都已经被发现，只好承认了。国王便重重奖赏了士兵。

第195~196天 姜太公钓鱼

胎宝宝：肺部可以自由呼吸

准爸爸：帮孕妈妈缓解静脉曲张

胎宝宝的肺已经发育到可以自己呼吸的程度了，身体越来越大，翻身时，好像一条“大鱼”在腹中游来游去。

姜太公曾隐居在陕西渭水边。那里是姬昌（即周文王）统治的地区，他希望能引起姬昌对自己的注意，建功立业。

姜太公常在渭水边垂钓。但姜太公的钓钩是直的，上面不挂鱼饵，也不沉到水里，并且离水面三尺高。他一面高高举起钓竿，一面自言自语道：“鱼儿呀，你们愿意的话，就自己上钩吧！”

一天，有个打柴的人来到溪边，见太公用不放鱼饵的直钩在水面上钓鱼，便对他说：“老先生，像你这样钓鱼，一百年也钓不到一条鱼的！”姜太公举了举钓竿，说：“对你说实话吧！我不是为了钓到鱼，而是为了钓到王与侯！”

姜太公奇特的钓鱼方法，终于传到了姬昌那里。姬昌知道后，派一名士兵去叫他来。但姜太公并不理睬这个士兵，只顾自己钓鱼，并自言自语道：“钓啊，钓啊，鱼儿不上钩，虾儿来胡闹！”姬昌听了士兵的禀报后，改派一名官员去请他。可是太公依然不搭理，边钓边说：“钓啊，钓啊，大鱼不上钩，小鱼别胡闹！”

文王姬昌这才意识到，这个钓者必是国之栋梁，要亲自去请他才对。于是他吃了三天素，洗了澡换了衣服，带着厚礼，前往渭水边去聘请姜太公。姜太公见他诚心诚意来聘请自己，便答应为他效力。

后来，姜太公辅佐周文王，兴邦立国，实现了自己建功立业的愿望。

姜太公钓鱼，意不在鱼，而在王与侯。

孕8月

这个月，胎宝宝对外界的刺激反应更为明显，孕妈妈要持续地关心他，给他讲故事、听音乐，坚持与胎宝宝交流，让快乐延续下去。

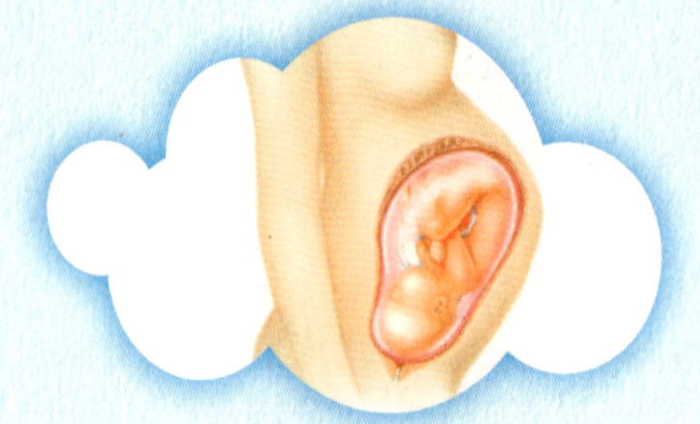

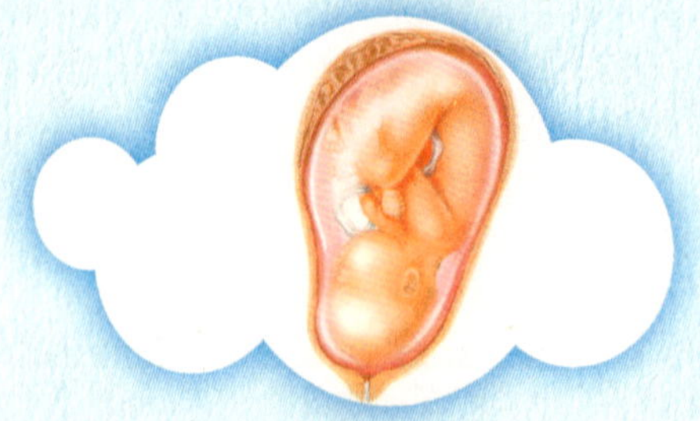

孕妈妈的变化

本月是子宫收缩最多的时期，生理性的子宫收缩使腹部胀满或变硬。同时，孕妈妈的动作越来越迟缓，也特别容易感到疲劳，之前的腰酸背痛、水肿、便秘等状况，在本月可能还会加重。

乳房：孕早期和孕中期乳房变化不明显的孕妈妈本月乳房会明显增大。

子宫：子宫进一步增大，宫高达到25~28厘米。

腹部：腹部隆起极为明显。肚脐突出。

胎宝宝的变化

胎宝宝此时几乎完全长成，听觉系统发育完成，胎宝宝会对不同的音乐做出不同的反应。胎动更频繁，有时会用力踢孕妈妈的腹部。

第197~198天 一鸣惊人

胎宝宝：有了自己的小情绪

准爸爸：多和胎宝宝聊天

胎宝宝这个小调皮此时已经有了自己的情绪，会用“拳打脚踢”来表示自己的抗议。同时，胎宝宝也在默默地储存着能量，难不成你也想像故事中的齐威王那样“一鸣惊人”？

齐威王是齐国即位不久的国王。齐威王当太子时就是一个很有才智的少年，对治国谋略也很用心。但是继位以后，每天被人前呼后拥，雄心壮志慢慢消减了。

有一个谋士叫淳于髡(kūn)，他的口才很好，也很会说话，他决定找一个机会来劝告齐威王。有一天，淳于髡见到了齐威王，就对他说：“大王，臣下有一个谜语请您猜一猜。”齐威王就问：“是什么谜语？”淳于髡说：“有一个国家有一只大鸟，住在国王的宫廷中，已经整整三年了，可是它既不振翅飞翔，也不发出鸣叫，只是毫无目的地蜷缩着，您猜这是一只什么鸟？”齐威王一听，就知道淳于髡是在讽刺自己身为一国之君却无所作为。想了好一阵子，齐威王对淳于髡说：“这只大鸟，你不知道，它不飞则已，要飞就会直冲到高高的天上，它不叫则已，要叫就会惊动众人，你就等着瞧吧。”

从那以后，齐威王开始整顿国政，召见全国的官吏，尽职的给予奖励，腐败无能的给以严惩，然后整顿军事，强大武力。齐国上下很快变了一个样，到处充满朝气。

想要侵略齐国的国家得到这个消息以后都很震惊，说齐威王真像一只大鸟，“不鸣则已，一鸣惊人”。

第199~200天 田螺姑娘

胎宝宝：皮肤光滑洁白

孕妈妈：适当地运动手臂

因为皮下脂肪的积聚，胎宝宝的皮肤表面更光滑洁白了。爸爸妈妈希望你快快长大，既能像单身汉一样乐于助人，又能像田螺姑娘一样善良、知恩图报。

村里有一位单身汉，三十多岁了还没娶上媳妇，他勤恳能干，每天都在田间辛勤劳作。

有一天，他下田时，无意中拾到一只大田螺，于是高兴地将它带回家，养在自家的水缸里。转眼间，三年过去了。一天，单身汉干完活回家，发现桌子上摆满了热气腾腾的饭菜，单身汉左看右看也不见有人，他肚子饿极了，不管三七二十一，吃了起来。他边吃边想，是谁给他做了这么好吃的一桌饭菜呢？他一定要弄个明白。

第二天，他像往常一样扛上锄头下田去了。过一会儿他又偷偷返回家来，躲在门外想看个究竟。快到中午时，水缸的盖子被慢慢掀开了，从水缸里走出一位像仙女一样的姑娘，然后就熟练地做起饭来，饭菜做好之后，她又躲进水缸里去了。单身汉心想，今天该不会是我看走眼了吧？于是，他连续几天都偷偷躲在屋外观察，结果千真万确，真是一位美丽的姑娘每天在帮他做饭。单身汉想，这么一位漂亮贤惠的姑娘天天来帮我煮饭，究竟是为了什么呢？我一定要问个清楚。

又一天的中午，姑娘正在专心做饭时，单身汉突然推门闯了进去，一把将姑娘抱住，并将她锁进房间。他急忙打开水缸盖子，一看傻了眼，怎么那只田螺只剩下个空壳了？这水仙般的姑娘难道是这只田螺变成的？单身汉想出个聪明的办法来，他先把空螺壳藏到后花园，再到房间把姑娘给放出来问个清楚。

谁知那姑娘从房间出来后就直奔缸里去，当她看见螺壳没了时伤心地大哭了起来。她边哭边把实情告诉了单身汉，她说，她是个田螺仙子，因前世单身汉救过她的命，今生又养了她三年，她是投身来报恩的。单身汉听后好感动，于是，他就与这位姑娘结了婚，婚后他们还生下一对儿女。据说他们一直很恩爱，日子过得很好。

第201~202天 公鸡蛋

胎宝宝：可以闻到孕妈妈独有的气味

孕妈妈：睡前少喝水，以减轻尿频

胎宝宝对光线、声音、气味和味道更敏感了。妈妈想象着你一定是一个聪明的孩子，就像故事中丞相的小孙子一样，能用自己的小脑瓜解决问题。

古时候，有个皇帝，他总会冒出一些奇怪的想法。一天退朝时，他对大臣们说："下次上朝，每人献一个公鸡蛋来。"

公鸡下蛋？听都没听说过。但大臣们都没吭声，个个若有所思地退朝了。

第二天早朝，太阳已经升了三尺高，可金銮殿上空空的，连个人影都没有，大臣们到哪里去了？原来，全都聚在丞相家里想办法呢。

丞相有个8岁的小孙子，听见大臣们在院子里吵吵闹闹的，不知道出了什么事，就问爷爷，爷爷就把皇上要公鸡蛋的事说给他听了。

小孙子听了，说："这有什么难的，你们等着，我替你们上朝去。"

丞相的小孙子走到金銮殿门前，被门外的侍卫拦住了。小孩说："我是丞相的孙子，我是来给皇上送公鸡蛋的。"

侍卫觉得有意思，就领着他去见皇上。

这时候皇上正为大臣们不来上朝而生气呢！小孩儿不慌不忙地走上大殿，对皇帝说："皇上，他们来不了啦，全坐月子呢！"

皇帝一听，哈哈大笑起来，说："他们这些老头子坐什么月子呢？"

丞相的孙子说："公鸡都能下蛋，老头为什么不能坐月子呢？"

皇上听了，吃了一惊：好聪明的孩子！忙说："好，好！公鸡蛋免了，快传大臣们来上朝吧。"

第203~204天 高山流水遇知音

胎宝宝：能分辨准爸爸孕妈妈的声音

准爸爸：帮孕妈妈洗头

这个神奇的小家伙，竟然能通过声音来分辨爸爸和妈妈了。“宝宝，我是爸爸，你能听出我的声音吗？听着爸爸浑厚的声音，你是不是就像遇到‘知音’那样高兴呢？”

春秋战国时期，有一位精通琴艺的上大夫叫俞伯牙。有一年，俞伯牙出使楚国，晚上乘船到汉阳江口，看到景色非常迷人，琴兴大发，随即弹了起来。正当他沉醉在优美的琴声中时，猛然看到一个人在岸边一动不动地站着。俞伯牙吃了一惊，手下一用力，“啪”的一声，琴弦被拨断了一根。俞伯牙正在猜测岸边的人为何而来，就听到那个人大声地对他说：“先生，您不要疑心，我是个打柴的，听到您在弹琴，觉得琴声绝妙，不由得站在这里听了起来。”

俞伯牙借着月光仔细一看，那个人身旁放着一担干柴，果然是个打柴的人。俞伯牙心想：一个打柴的樵夫，怎么会听懂我的琴声呢？于是他就问：“你既然懂得琴声，那就请你说说看，我弹的是一首什么曲子？”听了俞伯牙的问话，那打柴的人笑着回答：“先生，您刚才弹的是孔子赞叹弟子颜回的曲谱，只可惜，您弹到第四句的时候，琴弦断了。”打柴人的回答一点没错，俞伯牙不禁大喜，忙邀请他上船来细谈。

接着俞伯牙又为打柴人弹了几曲，请他辨识其中之意。当他弹奏的琴声雄壮高亢的时候，打柴人说：“这琴声表达了高山的雄伟气势。”当琴声变得清新流畅时，打柴人说：“这后弹的琴声表达的是无尽的流水。”

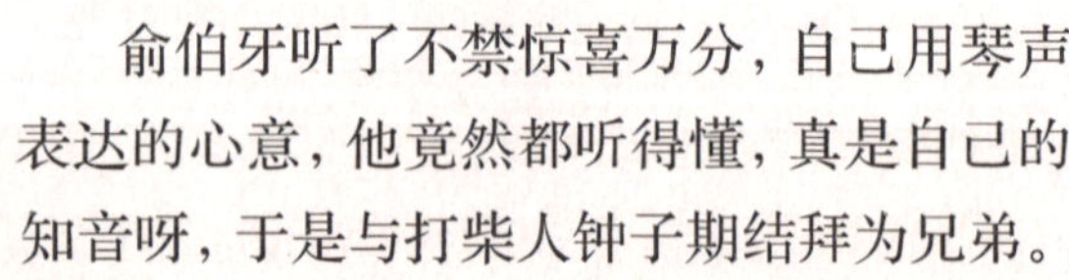

俞伯牙听了不禁惊喜万分，自己用琴声表达的心意，他竟然都听得懂，真是自己的知音呀，于是与打柴人钟子期结拜为兄弟。

训练听觉

和准爸爸听《高山流水》

第205~208天 阿基米德与金冠之谜

胎宝宝：越来越聪明

孕妈妈：孕期也别忘护肤

胎宝宝的头围变大了，大脑中充盈着源源不断的智慧。快用你的智慧帮阿基米德思考如何检验王冠吧。

相传叙拉古赫国王让工匠替他做了一顶纯金的王冠，做好后，国王疑心工匠在金冠中掺了假，放了其他金属代替金子。但这顶金冠却与当初交给金匠的纯金一样重，工匠到底有没有捣鬼呢？既想检验真假，又不能破坏王冠，这个问题不仅难倒了国王，也使诸位大臣们面面相觑(qù)。后来，国王将它交给了阿基米德。阿基米德冥思苦想出很多方法，但都失败了。

有一天，他去澡堂洗澡，他一坐进澡盆里，就看到水往外溢，同时感到身体被轻轻托起。他突然悟到可以用测定固体在水中排水量的办法，来确定金冠的比重。他兴奋地跳出澡盆，连衣服都顾不得穿上就跑了出去，大声喊着："我想到办法了！"

经过进一步的实验以后，阿基米德便来到了王宫，他把王冠和同等重量的纯金放在盛满水的两个盆里，比较从盆中溢出来的水，发现放王冠的盆里溢出来的水比另一盆的多。这就说明王冠的体积比相同重量的纯金的体积大，密度不相同，所以证明王冠里掺进了其他金属。

只是洗澡这件生活小事，勤于思考，也能帮你想到办法呢。

训练触觉

掂掂黄金的重量

第 209~210 天 小龙虾的新衣服

胎宝宝：骨髓开始造血

孕妈妈：腹痛要及时就医

此时胎宝宝红血细胞的产生完全由骨髓负责，红血细胞和骨髓保持正常运转。还有 2 个月，你也会像小龙虾一样，渐渐长大成熟。

有一只住在海里的小龙虾，他希望自己快长大。一天，他问妈妈："妈妈，我什么时候能长大呀。"妈妈笑着说："等你觉得衣服小了，换过新衣服，就是长大了。"过了一段时间，小龙虾感觉身上的衣服小了。

"妈妈，我觉得衣服小了，快给我换新衣服吧。"小龙虾高兴地说。妈妈慈爱地摸着孩子的头说："三天后就会有的。"

可是，三天过去了，还是没有看见妈妈为自己准备新衣服，小龙虾着急了。"妈妈，您怎么还不给我换新衣服。"

"新衣服？"妈妈惊奇地问。

"是呀，您答应过的啊。"

"哈哈，我的孩子，你看看自己的身上……"小龙虾低头看了看身上，红红的。再用大螯敲一敲，硬硬的。

"太棒了，谢谢您，妈妈。可是您是什么时候给我换上的呀？"小龙虾惊喜地问。"你脱掉旧衣服之前，里面已经长出了新的衣服，等它变结实了，就是我们龙虾最好的衣服，它是我们的盔甲。孩子，你已经是一只真正威武的大龙虾啦！"妈妈又欣慰又骄傲地说。

第211~212天 给法官染布

胎宝宝：骨骼变得壮壮的

孕妈妈：该停止工作了

胎宝宝的骨骼开始迅速硬化，手臂变得有力量了。你这个小家伙儿真是一刻都不闲着，是不是看到阿凡提的染布坊，也想试着用不同的颜色染出漂亮的布来呢？

今天，我们来讲一个关于阿凡提的故事吧。阿凡提在镇子上开了个染坊，给附近的乡亲染布。有一次，镇子上新来了个小法官，住在一个财主家里。那财主便觉得十分光彩，到处炫耀。他向阿凡提吹嘘说："新来的法官老爷，是世上少有的聪明的法官老爷，他学识渊博，充满了智慧。""有可能。"阿凡提说，"因为现在当法官的，办事情只看谁给的钱多，用不着智慧，所以智慧就都在他脑子里存起来了。"一听这话，财主生气地"哼"了一声，回去就告诉给了法官。法官气急败坏，一心想找机会报复阿凡提一下。

这天，法官在财主家拿了一匹布，来到阿凡提的染坊，用蛮横的口气说："阿凡提，给我把这匹布好好地染一染，让我看看你有多么高的手艺！""你要染成什么颜色的，法官先生？""我要染的颜色很普通。它不是红的，不是蓝的，不是黑的，也不是白的，不是绿的，又不是紫的，不是黄的，更不是灰的。"法官不怀好意地说，"听说你的智慧不光存在脑子里，还会用，你能染出来吗？"

阿凡提知道他是故意来找事的，但毫不介意地把布接过来，说，"这有什么难的呢，我一定照法官先生的意思染。""你真的能染？"法官看着阿凡提那不慌不忙、很有把握的样子，吃惊地说，"那么，我哪一天来取呢？""你就照我说的那一天来取。"阿凡提顺手把布锁在柜子里，对法官说，"那一天不是星期一，不是星期二，也不是星期三，不是星期四，不是星期五，又不是星期六，连星期日也不是。到了那一天，我的法官先生，你就来取吧，我一定会使你满意的！"法官被说得没了主意，那个财主更傻了眼，他俩一块儿灰溜溜地退出了染坊。

训练视觉
认识家中的各种颜色

第213~214天 瓜熟蒂落

胎宝宝：活动空间减少

准爸爸：提前确定好医院和路线

胎宝宝越来越大了，活动的空间越来越小，手脚不能自由地伸展了。此时你就像那成熟的西瓜，在等待着爸爸妈妈的“采摘”。

瓜熟才能蒂落，提前摘下来会不好吃哦。

在一片美丽的森林里，猴妈妈带着小猴子田田自由自在地生活着。田田一直很向往城市里的生活，但是猴子妈妈的看法却不一样。妈妈认为孩子应该生活在广阔的田野里，心胸才会广大，而且大自然犹如一本丰富的百科全书，一有空，猴妈妈就会带着田田去看植物。

有一天，朋友送来了一个瓜，田田第一次吃到这种瓜，就好奇地问妈妈：“瓜是怎么长的？”猴妈妈说：“瓜有藤、有叶子，开花以后结了瓜，瓜成熟之后里面有甜甜的汁液，又营养又好吃，有机会我会带你到吴伯伯家去看。”可是，田田等不及，偷偷地趁妈妈不注意的时候跑去吴伯伯家去看瓜了，他看见瓜藤上结了许多的瓜，就想去摘，可是任凭田田如何摇晃，瓜都掉不下来，田田就爬到树上摘了一个瓜。可他刚吃了一口，就马上吐掉了，因为实在不好吃。田田十分疑惑地回去了。

过了几天，妈妈带着田田去吴伯伯家玩，吴伯伯热心地说园里的瓜熟了，可以送几个给田田吃。于是，就到瓜藤下摘瓜，吴伯伯轻轻一碰，瓜就掉了下来，田田感到非常奇怪，妈妈说：“瓜熟了就自然会掉落下来，如果硬摘下来也不好吃。”田田终于知道了其中的道理。而且他也知道自己偷偷摘瓜是不对的了。

第215~216天 萤火虫和小星星

胎宝宝：有了自己的记忆

孕妈妈：保证睡眠的质量

胎宝宝的大脑现在开始复杂化。如果他今天出生，就已能够看、听、记忆和学习。妈妈知道，现在你正在自己的小天地里，看星星、捉萤火虫呢。

天上，白云边，一颗小星星在一闪一闪。地上，小河边，一群萤火虫在一亮一亮。“喂，上来吧，我们来玩藏猫猫好吗？”天上的小星星把半个脸躲进白云里，向地上的萤火虫眨着眼睛。

“好啊，你等着吧！”地上的萤火虫忙起来了，提着盏小灯笼，在草丛里走来走去。

“你在干什么？”天上的小星星从白云后面走出来，把眼睛睁得大大的。

“在找针线呢。”萤火虫回答说，头也不抬。

“找针线干什么？”小星星又问。

“缝航天衣。”

“缝航天衣干什么？”

“咦，你不是邀请我到天上去玩儿吗？”

“那好，我帮你一起找吧。”小星星呼的一下，从天上落下来，帮萤火虫找针线。

小妹妹在院子里，听到了小星星和萤火虫的谈话，出来一看，草丛里，瓜棚下，到处一闪一闪的。

小星星呢？它和萤火虫在一起飞来飞去，怎么也辨认不出来。小妹妹想：天上多美啊。第二天晚上，小妹妹来到小河边，可再也看不见萤火虫了。原来，萤火虫找到了针线，缝好了航天衣，穿在身上，跟着小星星一起飞上天去了。

它们在天上眨着眼睛，哪个是萤火虫，哪个是小星星，小妹妹看来看去分不清。

训练视觉

抬头看看天上的星星

第217~218天 公主的发卡

胎宝宝：头发变多变长了

孕妈妈：及早发现胎位不正

胎宝宝的头发变长了。根据遗传倾向，你出生时可能像妈妈一样是一头乌发，但也可能没有很多头发。如果你是一个女孩，希望你长大以后会像公主一样，拥有一头瀑布般的秀发。

国王有七个女儿，这七位美丽的公主是国王的骄傲。她们那一头乌黑亮丽的长发远近皆知，所以国王送给每人一个漂亮的发夹。

有一天早上，大公主醒来，一如往常地想用发夹整理她的秀发，却发现她的发夹不见了，于是她偷偷地到了二公主的房间，拿走了二公主的发夹；二公主发现少了发夹，便到三公主房间拿走了发夹；三公主发现少了发夹，也偷偷地拿走了四公主的发夹；四公主如法炮制，拿走了五公主的发夹；五公主同样拿走了六公主的发夹；六公主只好拿走了七公主的发夹。于是七公主在早晨梳头的时候，发现她的发夹不见了。

正好这一天，邻国英俊的王子忽然来到王宫，他对国王说："昨天我养的百灵鸟叼回了一个发夹，我想这一定是属于公主们的，而这也是一种奇妙的缘分，不晓得是哪位公主掉了发夹？"公主们听到了这件事，都在心里想："是我掉的，是我掉的。"可是头上明明都别着发夹啊，所以都懊恼得很，却说不出来。只有七公主走出来说："我掉了一个发夹。"话才说完，一头漂亮的长发因为少了一个发夹，全部披散了下来，王子不由得看呆了。王子娶了漂亮的七公主，从此以后，王子与公主一起过着幸福快乐的日子。

训练触觉
用手轻摸自己的头发

第219~220天 夸父追日

胎宝宝：眼睛追着光亮跑

准爸爸：训练胎宝宝的向光性

胎宝宝的眼睛对光线的亮度有较强反应，已经能够辨别明暗了。现在爸爸用手电筒照着妈妈肚皮的右侧，小家伙会跟着这束亮亮的光而转向右侧呢。

远古时候，在北方荒野中有一座高耸入云的高山，在山林深处，生活着一群力大无穷的巨人。他们首领的名字叫夸父，因此这一群人就叫夸父族。夸父族人心地善良，勤劳勇敢，过着与世无争、逍遥自在的日子。

有一年，天气非常热，火辣辣的太阳直射在大地上，树木都被晒焦了，河流都被晒干涸了。人们热得快活不下去了，首领夸父很难过，他仰头望着太阳，告诉族人："太阳太可恶了！我一定要追上太阳，将它捉住，让它听我们的指挥。"族人听了，纷纷劝阻。

有的人说："你千万别去呀，太阳离我们太远了。"

有的人说："太阳那么热，你会被烤坏的。"

但是夸父决心已定，于是告别了族人，向着太阳升起的方向，迈开大步，像风一样奔跑。他穿过一座座大山，跨过一条条河流。夸父一直追着太阳跑，眼看着离太阳越来越近，他的信心越来越强。终于，夸父在太阳落山的地方追上了太阳。

夸父感到又渴又累。他就跑到黄河边，一口气喝干了黄河水，他又跑到渭河边，把渭河水也喝光了，但是仍不解渴。夸父又向北跑去，那里有纵横千里的大泽，大泽里的水足够夸父解渴。但是夸父还没有跑到大泽，就在半路上因渴而倒下了。

夸父倒下的时候，心里充满了遗憾，他还牵挂着自己的族人，于是将自己手中的木杖扔出去。木杖落地的地方，顿时生出一片郁郁葱葱的桃林。

第221~222天 鲤鱼跳龙门

胎宝宝：活动量逐渐减小

孕妈妈：适量补充营养

因为没有足够的空间，胎宝宝的活动量会逐渐减小。此时的胎宝宝就像鲤鱼跃龙门之前，加把劲，很快就能突破这个生长阶段，实现质的飞跃了！

很久以前，龙门还未被凿开，河水流到这里就被龙门山挡住，积聚成一个很大的湖。

有一群鲤鱼居住在黄河里。他们听说龙门有个很大的湖，都想去看一看。

鲤鱼们游啊游，终于来到了龙门山。可是，河水被高高的龙门堵住了，这可怎么办呢？鲤鱼们围在一起商量着。

有一条小鲤鱼非常勇敢，他望了望高耸的龙门，对大伙说：“我们继续待在这里也不是办法，这样吧，我们就从这龙门跳过去，怎么样？”

其他的鲤鱼疑惑地问：“龙门这么高，能跳得过去吗？”

其中一条鲤鱼说：“太高了，我可不敢跳。”

小鲤鱼说：“那就让我试试吧，我先跳。”说完，他奋力一跃，一下子就跳过龙门了。他刚一落进水中，就变成了龙。其他的鲤鱼也开始一个接一个地跳。跳过去的鲤鱼便化成为一条龙，而没跳过去的，额头上就留下了一个黑点。

第223~224天 爬山虎的脚

胎宝宝：脚趾甲完全长成

孕妈妈：休息时在腹部垫个枕头

胎宝宝的脚趾甲到今天完全长成。长好趾甲的小脚如虎添翼，更有力度了。你也许像爬山虎一样，在妈妈的腹中试着用小脚儿向上爬呢。

学校操场北边墙上满是爬山虎。我家也有爬山虎，从小院的西墙爬上去，在房顶上占了一大片地方。爬山虎刚长出来的叶子是嫩红的，不几天叶子长大，就变成嫩绿的。爬山虎的嫩叶不大引人注意，引人注意的是长大了的叶子。那些叶子绿得那么新鲜，看着非常舒服，叶尖一顺儿朝下，在墙上铺得那么均匀，没有重叠起来的，也不留一点儿空隙。一阵风拂过，一墙的叶子就漾起波纹，好看得很。

以前我只知道这种植物叫爬山虎，可不知道它怎么能爬。今年我注意了，原来爬山虎是有脚的。爬山虎的脚长在茎上。茎上长叶柄的地方，反面伸出枝状的六七根细丝，每根细丝像蜗牛的触角。细丝跟新叶子一样，也是嫩红的。这就是爬山虎的脚。

爬山虎的脚触着墙的时候，六七根细丝的头上就变成小圆片，扒住墙。细丝原先是直的，现在弯曲了，把爬山虎的嫩茎拉一把，使它紧贴在墙上。爬山虎就是这样一脚一脚地往上爬。如果你仔细看那些细小的脚，你会想起图画上蛟龙的爪子。

爬山虎的脚要是没触着墙，不几天就萎了，后来连痕迹也没有了。触着墙的，细丝和小圆片逐渐变成灰色。不要瞧不起那些灰色的脚，那些脚扒在墙上相当牢固，要是你的手指不费一点儿劲，休想拉下爬山虎的一根茎。

——叶圣陶

孕9月

胎宝宝开始下降至骨盆，孕妈妈的身体也在为分娩做充分的准备。孕妈妈要做好一切准备，等待吹起秋收的号角，迎接宝宝的到来！

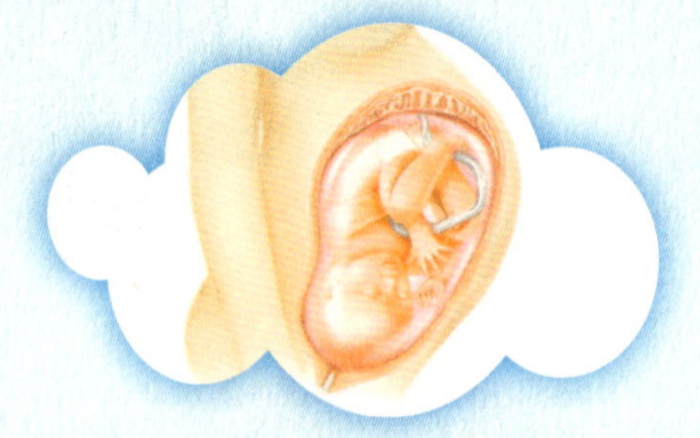

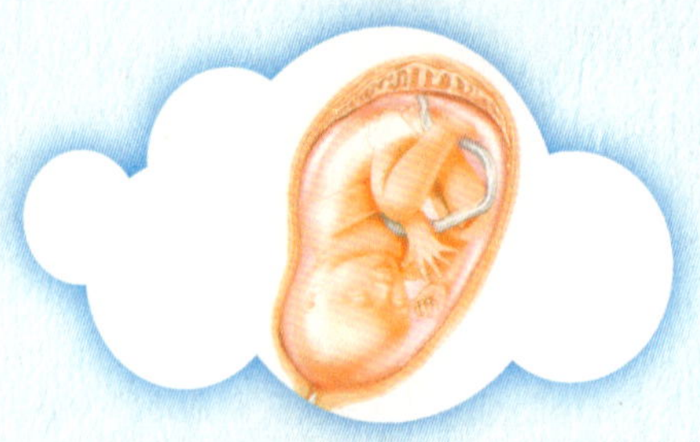

孕妈妈的变化

孕妈妈体重增长达到最高峰，已增重 11~13 千克。本月末，由于胎宝宝位置逐渐下降，孕妈妈的下腹坠胀、呼吸困难和胃部不适等症状开始缓解。

乳房：乳头增大了，乳房也更加丰满。

子宫：子宫继续增大。子宫底的高度为 30~32 厘米，已升到心窝。

腹部：肚脐变得又大又突出。

胎宝宝的变化

胎宝宝身体各部位比较丰满，开始变漂亮了。动作比以前更剧烈了，手肘、小脚丫和头部可能会清楚地在孕妈妈腹部凸显出来。

第225~226天 伯乐相马

胎宝宝：手指甲完全长成

孕妈妈：要及时检查胎位

胎宝宝的指甲完全长成，小手和小脚变得更灵活、更有劲儿了，你个小淘气时常在妈妈的腹中“翻跟头”，就好像千里马一样展示你的才能。

一次，伯乐受楚王的委托，购买能日行千里的骏马。伯乐跑了好多地方，连素以盛产名马而闻名的燕赵一带都仔细寻访，还是没发现中意的良马。一天，伯乐从齐国返回，在路上他看到一匹马拉着盐车，很吃力地在陡坡上行进。马累得呼呼喘气，每迈一步都十分艰难。伯乐对马向来亲近，不由走到跟前。马见伯乐走近，突然昂起头来大声嘶鸣，好像要对伯乐倾诉什么。伯乐立即从声音中判断出，这是一匹难得的骏马。

伯乐对驾车的人说：“这匹马在疆场上驰骋，任何马都比不过它，但用来拉车，它却不如普通的马。你还是把它卖给我吧。”驾车人认为伯乐是个大傻瓜，他觉得这匹马太普通了，拉车没气力，吃得太多，骨瘦如柴，毫不犹豫地就同意了。伯乐牵着马来到楚王宫，拍拍马的脖颈说：“我给你找到了好主人。”千里马好像明白伯乐的意思，抬起前蹄把地面震得咯咯作响，引颈长嘶，如大钟石磬，直上云霄。楚王听到马嘶声，走出宫外。伯乐指着马说：“大王，我把千里马给您带来了，请仔细观看。”楚王一见伯乐牵的马瘦得不成样子，认为伯乐愚弄他，有点不高兴，说：“我相信你会看马才让你买马，可你买的是什么马呀，这马连走路都很困难，能上战场吗？”伯乐说：“这确实是匹千里马，不过拉了一段车，喂养又不精心，所以看起来很瘦。只要精心喂养，不出半个月，一定会恢复体力。”楚王一听，将信将疑，便命马夫尽心尽力把马喂好，果然，半个月后，马变得精壮神骏。楚王跨马扬鞭，但觉两耳生风，喘息的工夫，已跑出百里之外。后来千里马为楚王驰骋沙场，立下不少汗马功劳。楚王对伯乐更加敬重。

训练视觉
观察马儿奔跑的样子

第227~230天 丑小鸭

胎宝宝：把脐带当成玩具

孕妈妈：定期检查避免脐带绕颈

夏天，乡下风景真是美丽！小麦是金黄的，燕麦是绿油油的。有一只母鸭坐在窝里，她得把她的几个小鸭都孵出来。这时她已经累坏了。很少有客人来看她。

最后，那些鸭蛋一个接着一个地崩开了。“噼！噼！”蛋壳响起来。所有的蛋黄现在都变成了小动物。他们把小头都伸出来。鸭妈妈站起来想带孩子们出去走走。“没有，我还没有把你们都孵出来呢！这只顶大的蛋还躺着没有动静。他还得躺多久呢？我真是有些烦了。”于是她又坐下来。

最后这只大蛋终于裂开了。“噼！噼！”新生的这个小家伙叫着向外面爬。可他又大又丑。鸭妈妈瞧了他一眼。“这只小鸭子大得吓人，不知道是不是我的孩子。”她说。

第二天的天气又晴朗，又美丽。太阳照在牛蒡叶上。鸭妈妈带着她所有的孩子走到溪边。扑通！她跳进水里去了。“嘎！嘎！”她叫着，于是小鸭子们就一个接一个跳下去。水淹到他们头上，但是他们马上又冒出来了，游得非常漂亮。他们的小腿很灵活地划着。他们全都在水里，连那个丑陋的灰色小家伙也跟他们在一起游。“他是我亲生的孩子！如果你仔细看一看他，会发现长得还算漂亮。嘎！嘎！跟我一块儿来吧，我把你们带到广大的世界去，把那个养鸡场介绍给你们看看。不过，你们得紧跟着我，免得被别人踩到。你们还得当心猫呢！”就这样，他们来到了养鸡场。

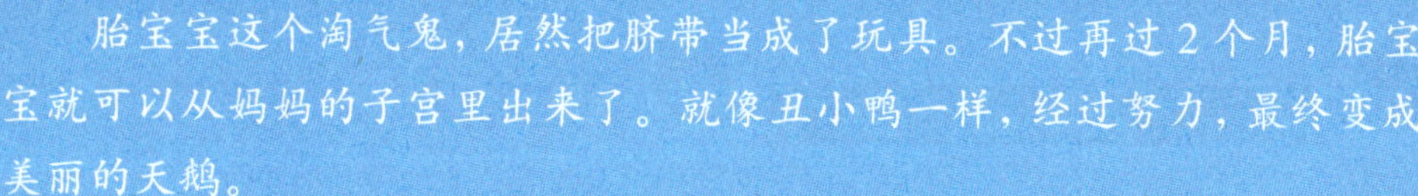
胎宝宝这个淘气鬼，居然把脐带当成了玩具。不过再过2个月，胎宝宝就可以从妈妈的子宫里出来了。就像丑小鸭一样，经过努力，最终变成美丽的天鹅。

可是丑小鸭长得太丑了，养鸡场里的鸡鸭们都欺负他，连他的兄弟姐妹也对他生起气来。他们老是说："你这个丑妖怪，希望猫把你抓去才好！"于是鸭妈妈也说起来："我希望你走远些！"小鸭们啄他，小鸡们打他，喂鸡鸭的那个女佣人用脚踢他。于是他飞过篱笆逃走了，灌木丛里的小鸟一见到他，就惊慌地向空中飞去。"这是因为我太丑了！"小鸭想。于是他闭起眼睛，继续往前跑。他一口气跑到一块住着野鸭的沼泽地里。

一天傍晚，当太阳快下山的时候，有一群漂亮的大鸟从灌木林里飞出来，丑小鸭从来没有看到过这么美丽的动物。他们白得发亮，颈项又长又柔软。这就是天鹅。他们飞得很高，丑小鸭不禁感到一种说不出的兴奋。"我要飞向他们，飞向这些高贵的鸟儿！"于是他飞到水里，向这些美丽的天鹅游去。这些动物看到他，马上就竖起羽毛向他游来。

丑小鸭把头低低地垂到水面上，突然，他看到了自己的倒影。但那不再是一只粗笨的、深灰色的鸭子，而是一只天鹅！只要你曾经在一只天鹅蛋里待过，就算你是生在养鸭场里也没有什么关系。他现在清楚地认识到幸福和美好正在向他招手。

第231~232天 揠苗助长

胎宝宝：皮肤是粉红色的

孕妈妈：确定好临产医院

胎宝宝处于生长发育最旺盛的时期，每天努力地生长着，似乎在为最后的发育冲刺。不过，妈妈可不会犯揠苗助长的错误，妈妈会给你空间，让你自由成长。

春秋战国时期，宋国有一位勤劳的农夫，每天都要在田里干活。一天他在地里插上了秧苗，希望到秋天时，能收获满满的粮食。

可是有一天，他变得忧心忡忡的，吃不下饭，睡不好觉。原来，他觉得田里的秧苗长得太慢了，好几天下来，秧苗似乎一点也没有长高。农夫想：怎么样才能让秧苗长得高一点呢？

忽然，他想到了一个好办法：啊，我何不把每一株秧苗都拔高一些呢，这样它们不就长得更快了？于是，他急忙跑到了田里，把每一棵秧苗都拔高了一截，然后他欣赏着这些秧苗，心里得意极了，并称赞自己是天下最聪明的人。

农夫兴高采烈地回家去了。吃饭的时候，他对妻子和儿子说："告诉你们一个好消息，咱们的秧苗很快就要收割了，因为今天我帮他们长高了许多，我拔了一天呢，哎呀，我真是累坏了。"

妻子听完，十分吃惊，她叫儿子去田里看个究竟。农夫的儿子一看才发现，秧苗是长高了，可是却一棵棵都低垂着，马上就要枯萎了。

拔高了秧苗，但根茎被拔坏，马上就要枯萎了。

第233~234天 掉在井里的狐狸和山羊

胎宝宝："精力旺盛"的小淘气

准爸爸：帮孕妈妈缓解分娩前的压力

此时的胎宝宝真是个精力旺盛的小淘气，在妈妈的肚子里一刻不得闲，似乎想要快点出来。为了让你静下来，爸爸给你讲狐狸和山羊的故事吧，你可要安静地听哦。

山羊遇事欠思考，被狐狸欺骗了，宝宝以后做事可不要盲目。

一只狐狸掉到了井里，可是无论他如何挣扎仍然没有办法爬上去。

这个时候，来了一只山羊，他觉得口渴极了，便来到了井边，他看见有一只狐狸在井下边，便问道："狐狸，这井里的水好不好喝呀。"狐狸看到山羊，生出一条诡计，他说："山羊大哥，这井里的水好喝极了，你赶快下来，让咱们一起痛饮吧。"一心只想喝水，信以为真的山羊，便不假思索地跳了下去，当他咕咚咕咚痛饮完后，就不得不与狐狸一起共商爬出井口的办法。

狐狸早有准备，他说："山羊大哥，你用前脚扒在井墙上，再把你的犄角竖直了，我从你后背跳上井去，然后再拉你上来，这样我们不就都得救了吗。"

山羊觉得这个办法还可以，于是让狐狸踩着他的后脚，上到背上，然后又蹬着他的犄角，窜出了井口。狐狸上去以后，准备独自逃离。山羊指责说："你为什么不信守诺言。"狐狸回过头对山羊说："山羊大哥，如果你的头脑像你的胡须那样完美，你就不至于在没看清出口之前就盲目地跳下去了。"

第235~238天 龙女拜观音

在观音菩萨身边，有一对童男童女，男的叫善财，女的叫龙女。据说，这位龙女原是东海龙王的女儿，聪明伶俐，深受龙王的宠爱。一天，她听到人间玩鱼灯，也想去看看热闹，于是偷偷跑了出去。

龙女化身为一个渔家少女，来到一个小渔镇。她高兴极了，这里真好玩，街边挂着各式各样的鱼灯，看得她眼花缭乱。这时，阁楼上泼下半杯水，不偏不倚泼在龙女的头上。这下可糟了，龙女的身上只要一沾水，就要恢复原来的模样。她焦急地朝海边跑去，刚跑到海滩，突然"呼啦啦"一声，龙女变成一条很大很大的鱼，躺在海滩上动弹不得。

正巧，这时海滩上来了一胖一瘦两个捕鱼小子，看到这条光灿灿的大鱼，都傻眼了。"这是什么鱼呀？"胖小子胆子小，站得远远地说："从来没有看过这种鱼，怕是不吉利，快走吧！"

瘦小子胆子大，不肯离去，边拨弄着鱼边说："不管它是什么鱼，扛到街上去卖，准能卖个好价钱。"随后两人扛着鱼，上街叫卖去了。

那天晚上，观音菩萨正在紫竹林打坐，早将刚才发生的事情看得一清二楚，不觉动了慈悲之心，对站在身后的善财童子说："你快到渔镇去，将一条大鱼买下来，送到海里放生。"善财听命，化身为一年轻少年，来到人间。

再说那两个小子把鱼扛到街上，一下子被人围了起来。称奇的、赞叹的、问价的，议论纷纷。

龙女非常害怕，她想，自己可能再也回不到海里了。这样想着，流下了眼泪。一个小孩叫道："快看呀，大鱼流眼泪了。"大家一看，大鱼果然流着两串晶莹的眼

子宫内的羊水量到达最大限度，胎宝宝在子宫内的空间越来越小，时不时地会变换姿势，让自己更舒服。妈妈知道此时的你就像困在龙宫中的龙女，等待出来的那一天。

泪，胖小子害怕了，吓得撒腿就跑。瘦小子一心想赚钱，计划将这条大鱼分开，一块儿一块儿地卖。

这时一位年轻少年气喘吁吁地跑过来说："我要买这一整条大鱼，你开个价吧。"瘦小子一听有人要买，出了个高价。少年二话没说就付了钱，并将大鱼扛到海边放生了。

再说东海龙宫里，自从不见了公主，宫里宫外乱成一窝蜂。一直闹到天亮，龙女回到水晶宫，大家才松了口气。龙王很生气，把龙女关了起来。

观音菩萨和善财前去探望她，龙女请求他们救自己出去，观音菩萨也很喜欢龙女，于是将她救出来，让她和善财像兄妹一样住在潮音洞附近的一个岩洞里，这个岩洞后来称为"善财龙女洞"。从此，龙女就留在了观音菩萨身边。

关于龙女的故事有很多，妈妈都找来讲给宝宝听吧。

第239~242天 盘古开天辟地

胎宝宝：以头朝下的姿势为出生做准备

准爸爸：注意孕妈妈的不适

大部分胎宝宝以头朝下的姿势躺在孕妈妈的骨盆里。爸爸猜想你定是在用这种特殊的方式积蓄力量，为长成一个如盘古一样顶天立地的男儿做准备。

天下名山无数，历代帝王和芸芸众生何以独尊东岳泰山呢？这还得从开天辟地的盘古说起。

传说，在很早很早以前，世界初成，天地刚分，有一个叫盘古的人生长在天地之间。天空每日升高一丈，大地每日增厚一丈，盘古也每日长高一丈。如此日复一日，年复一年，他就这样顶天立地生活着。经过了漫长的一万八千年，天极高，地极厚，盘古也长得极高。他呼吸的气化作了风，他呼吸的声音化作了雷鸣，他的眼睛一眨一眨的，闪出道道蓝光，这就是闪电，他高兴时天空就变得艳阳晴空，他生气时天空就变得阴雨连绵。后来盘古慢慢地衰老了，巨人倒地后，他的头变成了东岳，腹变成了中岳，左臂变成了南岳，右臂变成了北岳，两脚变成了西岳，眼睛变成了日月，毛发变成了草木，汗水变成了江河。

因为盘古开天辟地，造就了世界，后人尊其为人类的祖先，他的头部变成了东岳泰山。所以，泰山就被称为至高无上的“天下第一山”，成了五岳之首。

先人的智慧和汗水换来了我们今天的幸福生活，宝宝要好好珍惜！

训练听觉
去公园聆听风声和流水声

第243~244天 香喷喷的蛋糕

胎宝宝：手和脚胖胖的

孕妈妈：学习拉梅兹呼吸法

胎宝宝的脂肪开始增加，因此手和脚变得胖乎乎的。妈妈知道，现在你为了努力储存营养吃得可多了，闻到小熊香喷喷的蛋糕，你是不是也馋了，想要吃一口补充营养。

外婆明天就要过生日了，妈妈提前做好了蛋糕，装进布口袋，让小熊提着送去。小熊提着蛋糕，路过河边，对小鱼说："我妈妈做的蛋糕可香了，你闻到了吗？"小鱼说："闻到了，闻到了。"小螃蟹也闻到了，趁小熊不注意，悄悄地钻进了口袋。

小熊路过草地，看见蝴蝶在放风筝。小熊对蝴蝶说："我妈妈做的蛋糕可香了，你闻到了吗？"蝴蝶说："闻到了，闻到了。"小蜜蜂也闻到了，趁小熊不注意，悄悄地飞进了口袋。

小熊提着妈妈做的蛋糕高兴地在路上走着，忽然一个大黑影从空中压下来，一只老鹰抢走了布口袋。

老鹰在空中飞着，他的腿好疼啊，原来小螃蟹夹住了他的腿。老鹰的脖子好疼啊，原来蜜蜂蜇了他的脖子。

老鹰疼得再也受不了了，慌忙丢掉这个"会咬人"的口袋，躲到一个大坑里。一只大雁飞来了，对小熊说："我来帮你把蛋糕送到外婆家吧。"小熊说："谢谢你。不过，你可别偷吃蛋糕呀。"

大雁笑笑说："不吃不吃，你放心，你真是一个爱外婆的好孩子！"

训练嗅觉

路过蛋糕店，闻一闻香喷喷的味道

第245~246天 城里老鼠和乡下老鼠

胎宝宝：脐带开始输送营养和粪便

孕妈妈：注意腹部保暖，避免腹泻

胎宝宝此时可以通过脐带吸收营养和排泄。你这个胖娃娃一定很爱吃，就像馋嘴的小老鼠一样，趁妈妈不注意，就会赶紧“偷吃”。

有一天，一只城里老鼠遇到了一只乡下老鼠，他们交上了朋友，从此开始了相互往来。

首先是乡下老鼠邀请城里老鼠到家里来做客，城里老鼠很高兴地答应了。

乡下老鼠拿出从田地里采来的玉米、花生、白薯和酸枣招待城里老鼠。城里老鼠一看，有点儿瞧不起乡下老鼠：“这些东西太平常了！你难道就没有一些贵点儿的食物吗？你生活得太贫穷了。哪天你跟我到城里去，我让你开开眼界，看看我们吃的是什么，那简直丰盛极了！”

乡下老鼠非常羡慕地望着城里老鼠，心里十分盼望早一天到城里去做客。

这一天，乡下老鼠进了城，到了城里老鼠家里。怎么回事，饭桌上什么东西都没有啊？

城里老鼠看出乡下老鼠心里的疑问，就告诉他：“吃的东西到晚上就会有的。”夜晚很快来了，乡下老鼠跟着城里老鼠悄悄溜进主人的厨房，哇！这里的食物真多呀！各种蔬菜、水果、面包、香肠、奶酪、黄油……看得乡下老鼠和城里老鼠口水都流出来了，它们不客气地吃起来。

正吃得开心，突然听到有脚步声。“不好！主人来了，快跑！”城里老鼠一把抓住乡下老鼠钻回了洞里。乡下老鼠吓得心脏怦怦地跳个不停，刚吃下的东西差点吐了出来，“老兄，你过的是什么日子呀？虽然有那么多好吃的东西，可是总是提心吊胆的，这种生活我可受不了。我还是喜欢我们乡下自由自在的生活。”说完，乡下老鼠告辞回家去了。

训练味觉
吃些酸甜的水果

第247~248天 天鹅星座的故事

胎宝宝：牙床长出小牙脊

孕妈妈：随时做好入院的准备

胎宝宝的牙床出现牙脊，四肢的手肘和膝盖处开始凹进去，在手腕和颈部四周形成褶皱。你正在渐渐成长为美丽的白天鹅，妈妈猜想你的身姿也如白天鹅一样端庄、优雅。

在希腊神话传说中，天神宙斯被公主勒达的美貌所吸引，但怕生性嫉妒的天后赫拉愤怒，并且若以自己的形象出现，很难诱动这位纯洁的少女。于是，他便想出一条计策，变为一只天鹅。一天，勒达正在一个小岛上游玩，忽见从白云间飞下一只天鹅，它是那样美丽可爱，毫不怕人，任凭勒达抚摸和搂抱。它的羽毛洁白，身体柔软，勒达爱不释手，心中充满陶醉与兴奋。

不知不觉公主勒达竟抱着天鹅进入了梦乡。她醒来时，天鹅恋恋不舍地离开了她，展开强壮的双翅飞向天空。勒达回到王宫后身体感到不舒服，不久发现自己怀孕了。等到十月怀胎期满，生下一对双胞胎。

这对双胞胎就是后来成为双子星座的希腊英雄卡斯托尔和波吕丢克斯。后来，勒达遵从父王之命，嫁给了斯巴达国王廷达瑞俄斯为妻，又生了两个女儿，一个叫吕克涅斯特拉，嫁给了特洛伊战争中希腊人的最高统帅阿伽门农；一个叫海伦，嫁给了阿伽门农的弟弟墨涅拉俄斯。

宙斯回到天庭后，非常高兴，为纪念这次罗曼史，就把他化身的天鹅留在了天上，成为天鹅星座。

第249~250天 蓝色种子

胎宝宝：暂时还不能分辨颜色

准爸爸：同样要学习分娩知识

现在，胎宝宝的眼睛还不能分辨颜色，所有的东西在胎宝宝的眼里都是安静的蓝色。而此时妈妈能感觉到你就像一粒种子一样，在妈妈的腹中蓄势待发。

杰克正在玩玩具，狐狸走过来说："我用我的特殊宝贝和你交换玩具吧。"说着就从口袋里掏出一粒蓝色种子。于是，杰克就用玩具换了种子，随后，把种子种在了花园中央。

第二天一早，杰克跑到自己的花园。啊，种子种下去的地方有一个豌豆大的蓝色小房子，小房子开始越长越大。

小鸡看到后说："多棒！这一定是我的房子！"于是，它就走进了前门。阳光雨露使小小的蓝色房子仍在继续长大。

"真棒！"杰克说。"现在这是为我建造的房子了。"说着，他就走了进去。正在这时一个男孩和一个女孩从这里路过。"进来吧！"杰克说。于是，他们俩也走进了房子。

一天，狐狸走了过来，"哎呀！好大的房子呀！"狐狸说。

"喂，狐狸，"杰克说，"这房子是从那粒蓝色种子里长出来的！"

狐狸听到这儿，大声喊道："听着！这是我的房子，你们都给我出去。"说着，把大家赶了出来，关上了房门。

突然，房子两边摇晃起来。随后，房顶和所有的窗户都开始掉落。它们像蓝色花瓣一样散了一地。杰克和大家连忙抱着脑袋，趴在地上。

等了一会儿，大家抬头一看，狐狸早已经吓得晕过去了。

训练视觉

种一株小花观察其成长过程

第 251~252 天 聪明的小白兔

胎宝宝：储存能量的脂肪增加

孕妈妈：吃些碳水化合物补充体力

胎宝宝体内白色脂肪比例增加。到发育结束为止，胎宝宝身体脂肪比例将稳定在15%左右。没想到你这个聪明的小家伙，也像小白兔那样，储存下充足的能量以备不时之需。

老山羊的白菜成熟了，小白兔和小灰兔来帮老山羊爷爷收白菜。

收完白菜，老山羊把自己种的白菜分给小白兔和小灰兔一些。

小灰兔收下白菜，说："谢谢您！"小白兔却不要白菜，说："您送我一些菜籽吧。"老山羊送给小白兔一包菜籽。

小白兔回到家里，把地翻松了，种上菜籽。过了几天，白菜长出来了。小白兔常常给白菜浇水，施肥，拔草，捉虫。白菜很快就长大了。

小灰兔把老山羊送的白菜拿回家里。他天天不干活，饿了就吃老山羊送的白菜。过了些日子，白菜就吃完了。小灰兔没吃的了，又到老山羊家里去要白菜。正巧他看见小白兔挑着一担白菜，给老山羊送来。小灰兔很奇怪，问道："小白兔，你的菜是哪儿来的？"小白兔说："自己种的。只有自己种，才有吃不完的菜。"

聪明的小白兔，自己种起了白菜，才有吃不完的菜。

孕10月

10个月的精心照护终于要修成正果了，胎宝宝也已做好了与妈妈见面的准备。孕妈妈是不是也迫不及待了？不要着急，放松心情，与胎宝宝一起安静地度过属于你们两个人的甜蜜时光吧。

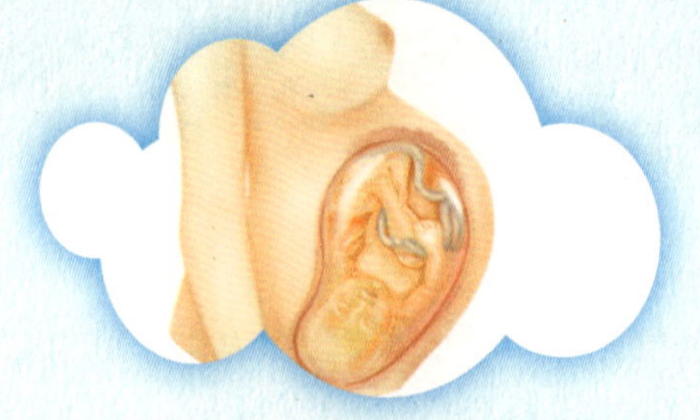

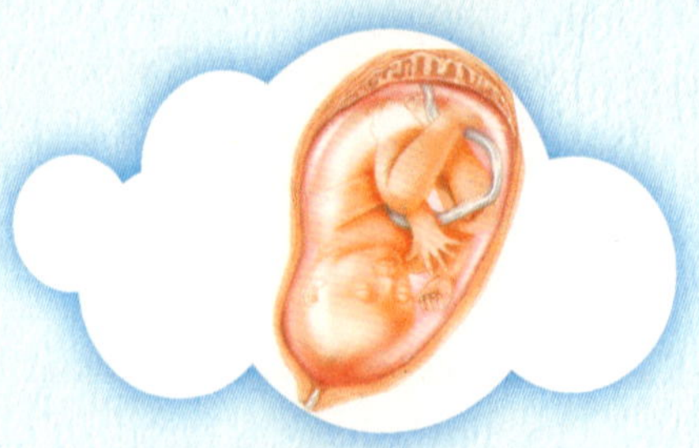

孕妈妈的变化

孕妈妈会感觉宫缩频繁，如果子宫每隔5分钟有规律地收缩1次，那就是临产的先兆了。

乳房：乳腺明显扩张，有更多乳汁从乳头溢出，为哺乳做准备。

子宫：子宫底的高度为32~34厘米。胎宝宝入盆，宫顶下移。子宫颈及阴道变软，为分娩做准备。骨盆关节、韧带也已经为分娩做好了准备。

腹部：腹部会有紧绷的感觉。

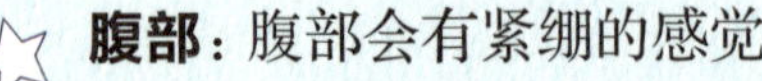

胎宝宝的变化

胎动减少，胎头进入孕妈妈的骨盆，以头下脚上的姿势缩起来，膝盖紧挨着鼻子，大腿紧贴着身体，全身器官发育完好。

第253~254天 大象和猴子

胎宝宝：又圆又结实的小家伙

准爸爸：缓解孕妈妈紧张的情绪

胎宝宝看起来又圆又结实，是因为皮下脂肪增多的缘故。此时你是不是想快点出来，好像大象和猴子那样和爸爸比试谁更强壮。

从前，一头大象和一只猴子发生了争吵。“瞧，我是多么高大强壮！”大象说，“我可以把一棵树拉倒，你能吗？”

“瞧，我跑得快，爬得也快！”猴子说，“你能爬树吗？”

他们决定找公正的猫头鹰来评判一下。猫头鹰对他们说：“按我对你们说的去做，我就会发现哪一个更好。去摘河对岸的那些水果，给我送来。”于是，大象和猴子来到了河边。但是，水流太急，猴子非常害怕。

“骑在我的背上，”大象自豪地说，“我背你过去。我高大强壮，不怕游过水流湍急的河流。”不一会儿，他们就到了对岸。树耸立在那里。树非常高，果子挂在他们上方。

大象想设法把树推倒，但树太牢固了。“等一下，我会爬树，”猴子自豪地说。他飞快地爬上树，将熟透的鲜果扔到了地上。大象将果子放进了自己的嘴里。

随后，他们又穿过河去，将他们摘的果子送给了猫头鹰。“现在告诉我们，”他们说，“哪一个更好，是身体强壮还是反应敏捷？”

“谁能区分哪一个更好？”猫头鹰问，“你们谁也不能单独摘到果子，需要大象的力量和猴子的敏捷才能得到。”

第255~258天 小树林与火苗

胎宝宝：眼睛对光线更加敏感

孕妈妈：了解突发状况的处理方法

现在胎宝宝对光线变得更加敏感，像向日葵总是朝着太阳一样，胎宝宝总喜欢面朝比较明亮的方向。此时，当你看到燃烧的小树林，一定惊讶地睁大了眼睛。

冬天里，一丛火苗在小树林边跳跃着，眼看就要熄灭了。火苗看到自己的处境，就对小树林说："亲爱的小树林，命运之神怎么对你这样残酷啊！这么冷的天气里，一片树叶也不给你留，难道不怕你冻死吗？"

"冬天我们会被雪覆盖，所以不能发芽。"小树林回答。"小事一桩，"火苗对小树林说，"只要你跟我成为朋友，我会帮助你的。我是太阳的弟弟，在冬天，我的神通可不比他小。你没见过暖房中的火吗？不管外面如何寒冷，暖房里的植物都是青翠欲滴，他们都对我感激不尽。说自己的好话好像有点不合适，可说实话，我的力量真的不比太阳小。尽管白天他威力无穷，可是到了夜里，他却拿雪一点儿办法也没有。但是无论什么时候，雪靠近我都会融化。所以，如果你想在冬天发芽、开花，就跟我成为朋友吧。"

交易达成了，微弱的火苗住进了小树林里，火苗越来越大，成了一团火。火苗蹿上了树枝，浓烟从小树林中升起，火越来越猛烈，最后将小树林化为了灰烬。唉，哪有小树林跟火苗交朋友的呢？

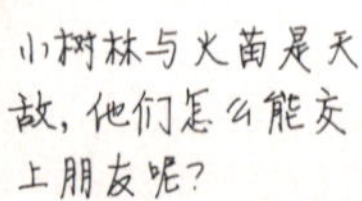

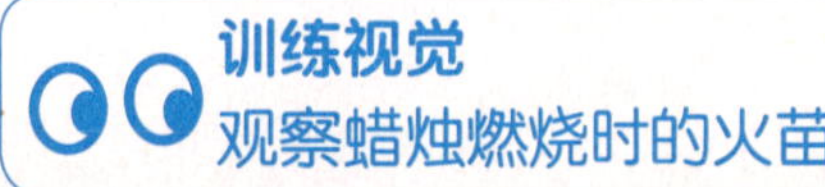

第259~260天 孙悟空三借芭蕉扇

胎宝宝：开始用手臂和腿“撑着”

孕妈妈：提前了解分娩方式

胎宝宝的活动空间变得狭窄。手臂和腿的轮廓会使孕妈妈的肚子上呈现出移动的凸块。你这个淘气的小家伙，居然在妈妈的腹中学孙悟空大战牛魔王的样子，翻跟斗，耍棍棒。

唐僧师徒四人，一路风尘仆仆朝西行去。走着走着，渐渐觉得热气袭人，难以忍受。此时正值秋天，大家感到很奇怪。一打听才知道前方有座火焰山，方圆八百里内寸草不生。又从卖糕少年嘴里听说，要想过山，只有向铁扇公主借芭蕉扇扇灭火后才能通过。孙悟空把师父安顿好，前往芭蕉洞找铁扇公主借扇。铁扇公主是牛魔王的妻子，红孩儿之母，因上次红孩儿想吃唐僧肉与悟空结下了冤仇，所以铁扇公主不肯借扇。

悟空初次借扇，被铁扇公主用芭蕉扇扇得无影无踪。灵吉菩萨得知实情，给他一粒“定风丹”再去借扇。悟空第二次来借扇，公主又用扇子扇他，悟空口含定风丹，一动不动。公主急忙回洞，闭门不出。情急之下，悟空变作一只小虫，趁公主喝茶之际进入她的腹中。公主腹痛难忍，答应借扇，但给的是一把假扇。

第三次，悟空变成牛魔王的模样，骗得真扇。牛魔王到家得知真相后急忙追赶，悟空与牛魔王大战。八戒、沙僧、哪吒及天神上前助战，最后把牛魔王打得现出原形。悟空用芭蕉扇扇灭山火，师徒四人继续西行取经。

第261~264天 破釜沉舟

胎宝宝：肠内积聚了胎便

孕妈妈：保持稳定的情绪

宝宝，你是不是也在为出生做最后的准备？看来你要用破釜沉舟的气势迎接诞生的那一刻了。

秦朝末年，各地的人民对秦朝的统治不满，开始进行大规模的反抗。

有一年，项羽率领的农民军与秦国将军章邯率领的三十万大军在巨鹿（今河北平乡西南）展开大战。项羽见自己的农民军没有秦军强大，决心做最后的较量。

他率领军队渡过漳河，让士兵们饱饱地吃了一顿饭，命令每人带足三天的干粮，然后传下命令：把做饭用的锅（即釜）砸个粉碎，把渡河用的船凿穿沉入河里。项羽用这个方法表示了只能前进，不能退后，一定要夺取胜利的决心。

士兵们看到主帅决心如此大，都勇气倍增，发誓与秦军决一死战。他们奋勇拼杀，经过多次激烈的战斗，把秦军打得大败。从那以后，项羽的威名也传遍天下。

破釜沉舟的气势使农民军大胜，宝宝以后做事情一定要有信心。

第265~266天 迷路的小花猫

胎宝宝：活动量减少，变“乖”了很多

孕妈妈：了解自然分娩的过程

由于子宫的空间有限，胎宝宝变“乖”了很多，只能弯曲着身体。此时的你就像只小花猫一样，正蜷缩在妈妈温暖、舒适的臂弯里，美美地睡觉呢。

一只小花猫在大风雪里迷了路，他又饿又冷。

小花猫走着走着，抬头一看，啊，前面有一间小房子。爬上窗台往里看，一张方桌上摆着一只花碗。他心里想：这是一碗热粥吧？唉！就是一口热水也好啊！这样想着，就用爪子去敲门。这房子里住着一只鸭子，他听见有人敲门，就“嘎嘎”地叫起来：“这么冷，谁也不会起来给你开门！”小花猫只好走开。

小花猫走着走着，抬头一看，啊，前面又有一间小房子。爬上窗台往里看，看见一张方桌上摆着三只花碗。他心里想：咦，三只花碗！要是有一碗热粥，一口热水，一碗鱼儿，那该多么好啊！这样想着，就用爪子去敲门。这房子里住着鸡爸爸、鸡妈妈，还有他们的孩子，一只黄嘴毛小鸡。

“天这样晚了，外边刮着这么大的风，下着这么大的雪，是谁来敲门呢？”鸡妈妈轻声问道。小花猫站在门外回答说：“是我，我是迷路的小花猫。我、我口渴，我肚子饿，要睡觉没有被子！”鸡妈妈听了，赶紧把门打开，说：“快进屋里来吧。我们这儿还有热粥，先喝碗热粥暖和暖和吧。”小鸡给小花猫盛了满满的一碗粥。粥锅是放在火炉上的，还冒着热腾腾的气呢。小花猫喝了热粥，身上暖和多了，肚子也不饿了。

小鸡一家说：“今天晚上就住在这儿吧。”鸡妈妈分给小花猫一床被子。小花猫钻进被子，一会儿就睡着了。

第二天，鸡爸爸、鸡妈妈和小鸡带着小花猫找到了他的家，找到了他的妈妈。

第267~268天 热情的台米扬

胎宝宝：头围和臀围差不多大

准爸爸：为孕妈妈煲鱼汤

到今天为止，胎宝宝的头围和臀围大致相等，身体看起来圆乎乎的。闻到台米扬熬的鱼汤，你这个胖乎乎的小家伙也想迫不及待地尝一尝吧。

有一天，台米扬请邻居福卡喝鱼汤。

“亲爱的好邻居，请吃呀！千万不要客气！”台米扬热情地说。

“我已经很饱了，实在是吃不下了！”福卡说。

“没关系，再来一盆，这可是烧得最美味可口的鱼汤！”

“可是，我已经喝过三盆啦！”

“哎呀，我知道你最爱喝鱼汤，你就尽情喝吧！再说，这也是为了你的健康，这是多么好的鱼汤呀！”

然而，福卡早就吃得汗如雨下。他忍了忍，又从台米扬手中接过一盆鱼汤，使出最后的力气把鱼汤喝光了。

“我就喜欢你这样的朋友，受不了那些高傲的人。来，请再来一盆。”台米扬说道。

可怜的福卡，尽管他很爱喝鱼汤，但是现在却觉得喝鱼汤变成了一种灾难。听到台米扬劝他再喝一盆，他吓得连忙拿起帽子夺门而出，迷迷糊糊地回了家。

从此之后，他再也没有进过台米扬的家。

像台米扬这样热情过度，美味的鱼汤也会成为负担。

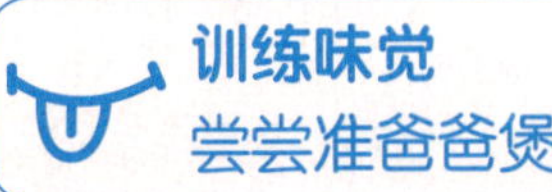

训练味觉

尝尝准爸爸煲的鱼汤

第269~272天 曹雪芹与《红楼梦》

胎宝宝：为呼吸空气做最后的准备

孕妈妈：选择适合自己的分娩方式

胎宝宝肺部表面活化剂的产量开始增加，这种活化剂使肺泡张开。这是胎宝宝在为出生后的呼吸做最后的准备。胎宝宝这个时候动得也比以前少了，显得格外安静。

曹雪芹儿时家境尚好，其先祖原是汉族，后为满洲正白旗包衣。曹雪芹的高祖因随清兵入关有功得授官职，后来曾祖父曹玺、祖父曹寅、父辈的曹颙(yóng)和曹頫(fǔ)相继担任江宁织造达六十余年之久，颇受康熙帝宠信，曹家也因此成为当时的“百年望族”。

青年时代的曹雪芹才华出众，能诗能文，绘画也很有名气，但当时曹家家道已日渐衰败，生活一贫如洗。有人请曹雪芹到皇宫书院里当画师，收入丰厚，但他宁肯过苦日子，也不愿去侍候达官贵人。后来他在一所贵族子弟学校任职，在那里结识了敦诚、敦敏兄弟，成了终生的好友。

晚年，由于经济窘迫，曹雪芹在城里也没有稳定的住所，便搬到香山卧佛寺附近的一个山村里居住，过着十分贫困的生活。敦诚、敦敏的诗里说他和妻子、儿子一家三口常常喝粥。曹雪芹爱喝酒，却没钱买，于是便赊酒喝，等卖了画再还钱。中国古代的文学家中，生活清贫的也不少见，但苦到曹雪芹这步田地的，实在不多。

但是，在这样艰辛的条件下，曹雪芹讲过“并不足妨我襟怀”，仍然坚持创作《红楼梦》。他以“字字看来皆是血，十年辛苦不寻常”的精神，以坚韧不拔的毅力专心致志地从事小说《红楼梦》的写作和修订，披阅十载，增删五次，终于写出了这部把中国古典小说创作推向巅峰的文学巨著，成为中国古代四大名著之一。

第273~274天 春天里的对话

胎宝宝：胎头不断下降

孕妈妈：饮食要清淡易消化

胎宝宝仍然在为出生做准备，身体各项功能也在做相应的准备。宝宝，此时妈妈能感觉到你的头不断下降，就好像小草在拼命地从土地里钻出，迎接春天一样。

春天来了，树儿发芽了，草儿变绿了，花儿也开了。

晚上，月亮婆婆出来散步。这时，月光下面传来了说话声。

迎春花说："春天真好，我最喜欢春天了，太阳暖暖的，许多花儿也开了。你们说是不是我先开的？是我把春天迎来的。"

玉兰花说："你说得不对，是我最先和春姑娘说话的，我最香了，春姑娘最喜欢我了。"

丁香花说："你们说得都不对，是我先开的，我把春姑娘吸引到了我们这里。"她们争吵了一会儿，都无法说服对方，决定请月亮婆婆来评评理。

月亮婆婆笑着说："你们刚才的话我都听到了，我来告诉你们答案。

春姑娘是小草最先迎来的，在你们没开花的时候，小草已经钻出地面了。"

听了月亮婆婆的话，迎春花、玉兰花、丁香花都低下了头。

月亮婆婆又说："好了，孩子们，咱们睡觉吧！待会儿春姑娘该来叫你们了。"园子里又静悄悄的了，月亮婆婆，还有迎春花、玉兰花、丁香花都闭上眼睛了，她们的梦里春姑娘还在跳舞呢。

训练嗅觉

感受自然中花草的清香

第275~276天 明珠

胎宝宝：泪腺仍在发育中

孕妈妈：调适好自己的情绪

胎宝宝的泪腺还在发育之中，一直到出生两三周后才能发育完成。妈妈想象你的泪水就像这明珠一样，亮晶晶、光闪闪。

很久以前，在天河东边的石窟里，住着一条雪白的玉龙和一只彩色的金凤。

玉龙和金凤每天一块儿出去玩耍。一天，他们发现了一块石头，非常漂亮。玉龙和金凤把这块石头打磨成了珠子，这颗明珠真是一颗宝珠，珠光照到哪里，哪里的树木常青，百花齐放，山明水秀，五谷丰登。

一天，王母娘娘走出宫门，一下就看到了这颗明珠，她派自己的亲信天兵趁玉龙、金凤睡着时，把明珠偷了出来。玉龙和金凤一觉醒来，发现明珠不见了，怎么找都找不到。

再说王母娘娘得到明珠以后，喜欢得不得了。她生日那天，众神仙前来祝贺，王母娘娘一高兴，拿出明珠来炫耀。这时金凤发现了明珠放出的亮光，就忙叫玉龙和她一块儿去看看，果然是他们的明珠。王母娘娘看到他们俩，急忙要收起来，却不小心让明珠滚落下来，滚到阶沿边，从天上掉到地下去了。

玉龙和金凤急忙翻身下来保护，但明珠还是掉到了地上，刹那间，出现了一片清清的湖水，这就是西湖。后来玉龙和金凤化作大山，一直守护着这片清澈、美丽的西湖。

第277~278天 王羲之父子练字

胎宝宝：学习能力很强

孕妈妈：小心假性宫缩

胎宝宝的头颅骨还没有完全固化，但胎宝宝已经有了一定的学习能力。现在“看”到爸爸妈妈的一举一动，就像王献之一样，想要模仿呢。

王羲之是我国东晋时期的大书法家。相传他每天练习书法，即便是在休息的时候，也在揣摩字体的结构、笔画和气势。他经常一边思考，一边在衣襟上勾勾画画，时间一久，把衣襟都磨破了。

此外，王羲之常在家中的一个水池边习字，从池里取水研磨、洗笔和刷砚。长年累月下来，竟使一池清水变黑了。

王羲之的儿子王献之，也是著名的大书法家。王献之刚开始临摹父亲的书法时，曾问父亲可有什么秘诀。王羲之指着院子里的十八口水缸对他说，秘诀就在这些水缸里，当你把这十八缸水写完时，自然就知道秘诀在哪里了。

王献之谨遵父亲教诲，每天从缸里取水磨墨习字。几年下来，这十八缸水果真被他用完了。功夫不负有心人，他的书法也有了很大的提高。

最终，王献之创造出结构微妙、字体秀丽的“今草”，也成为一代大家，与他的父亲齐名，并称“二王”。

日复一日的勤学苦练，成就了大书法家，妈妈希望宝宝将来也能勤奋如此。

第278~280天 小青虫变蝴蝶

胎宝宝：马上就要见面了

孕妈妈：要重视过期妊娠

今天是胎宝宝的预产期，意味着出生前所有的生长发育已经完成。你这个小青虫马上要破茧成蝶啦，妈妈已经扮成春姑娘，准备将你唤醒啦。

冬爷爷刚走，春姑娘就来了。春姑娘张着翅膀飞呀飞呀，忽然看见树枝上挂着一个黄色的小包包，哦！原来这个小包包是小青虫变的。春姑娘想：嗯，小青虫快要醒了。我呀，要把这个世界变个样儿，让小青虫醒来的时候，觉得很惊奇。于是，春姑娘轻轻地对小草说："小草，我要把世界变得更美丽，你帮帮忙吧！"

小草听了春姑娘的话，立刻从土里伸出头来。呵，大地好像铺上了绿色的地毯，好看极啦！春姑娘又对树和花说："树啊，花儿啊！我要把世界变得更美丽，让小青虫醒来一看，觉得非常惊奇。你们帮帮忙吧！"树和花儿点了点头，树上马上长满了绿色的嫩叶，各种各样的花儿也都开了。

春姑娘飞到小青虫那儿，想要唤醒她，可是小青虫不见啦！不过花丛中多了一只漂亮的蝴蝶。小草、花儿和小树看见这只蝴蝶，惊叹地说："啊！多漂亮的一位小姑娘！她是谁呀？"春姑娘笑了："你们不认识她吗？她就是挂在树上的那个小尖包包里的小青虫变的，她的名字叫'蝴蝶'啊！"

图书在版编目(CIP)数据

胎教故事一天一夜 / 汉竹编著 . — 南京 : 江苏凤凰科学技术出版社，2019.06（2023.03 重印）

（汉竹・亲亲乐读系列）

ISBN 978-7-5713-0259-7

Ⅰ . ①胎… Ⅱ . ①汉… Ⅲ . ①胎教 – 基本知识 Ⅳ . ① G610.8

中国版本图书馆 CIP 数据核字 (2019) 第 065007 号

中国健康生活图书实力品牌

胎教故事一天一夜

编　　著	汉　竹
责任编辑	刘玉锋　姚　远
特邀编辑	李佳昕　张　欢
责任校对	郝慧华
责任监制	曹叶平　刘文洋
出版发行	江苏凤凰科学技术出版社
出版社地址	南京市湖南路 1 号 A 楼，邮编：210009
出版社网址	http://www.pspress.cn
印　　刷	南京新世纪联盟印务有限公司
开　　本	720mm×1 000mm 1/16
印　　张	9
字　　数	180 000
版　　次	2019年6月第1版
印　　次	2023年3月第10次印刷
标准书号	ISBN 978-7-5713-0259-7
定　　价	22.80元

图书印装如有质量问题，可随时向我社印务部调换。